The Ultimate Motivation

究極のモチベーション

心が折れない働き方

見波利幸

清流出版

はじめに

私は現在、産業カウンセラーとして、メンタルヘルスの研修や講演のほか、個人や企業に対してのカウンセリングやコンサルティングなどの仕事に携わっています。

その中で、

「仕事に対して、モチベーションが全然上がらないのです。どうすれば上げることができるのでしょうか」

という相談を、ほんとうに数多く受けます。

モチベーションにかかわるこのような相談は、じつは昨日今日に始まったことではなく、ずいぶん以前からあるのです。

つまり、モチベーションというものについて、筋道の通った明確な説明が、これまでほとんどなされてこなかったということですね。これでは、企業においても個人においても、モチベーションを上げる方法を考えたり、ましてやモチベーションの源泉とは何かと問うことも、まずないでしょう。

また、モチベーションは自分自身では上げることができないという解釈が一般的なようです。決してそうではないのですが、そのような誤った理解が、モチベーションへのアプローチを消極的にしてしまっています。

だからずっと、

「上司が無能だからモチベーションが上がらないんだ。上司が代わらなければどうにもならない」

「給料が安すぎる。モチベーションなんて上がりようがないよ」

という声がなくならないのです。

しかし、部下が上司を代えたりするなどは難しいことですし、給料を倍にしてくれたらモチベーションが上がるから、倍にしてくださいと会社にお願いしても、まず受け入れてもらえないでしょう。

ここで考えてみましょう。上司も会社も給料も、いわば環境の問題です。つまり、外部的な要因です。ならば、自分自身の内部的な要因はどうなのか……。

こうして意識の向きを自分自身のほうへと一八〇度転回させることこそが、じつは、モチベーションを高めるカギなのです。

自分では変えようのない外部的な要因にばかり意識を向けてエネルギーを使うのは、もったいないことです。無駄なことはやめて、意識を自分自身に向けて、ほんとうの、究極のモチベーションを目指して歩んでいきましょう。

モチベーションは自分では上げることができない、ということは決してありません。コントロールできるようになりますし、揺るがない究極のモチベーションも、必ず手に入ります。

本書では、「自分でできる」モチベーションアップの方法を、モチベーションの土台から考えていきます。自分のこれまでの働き方、自分の強み、大切にしてきた価値観などを振り返り、モチベーションの源泉を知り、ありたい自分・なりたい自分の姿を明確にします。

そしてそれは、会社や組織への貢献ややりがいを感じながら、より主体的に、豊かな人生を歩む喜びに気づいていただくことでもあります。

その喜びを、モチベーションが上がらないと悩むビジネスパーソンのみなさん、部下を持つ上司のみなさん、そして経営者のみなさんに感じていただければ、これ以上にうれしいことはありません。

究極のモチベーション——心が折れない働き方〈目次〉

CHAPTER 1 今、心が折れる職場にいるあなたに

CHAPTER 2

モチベーションが上がらないのはなぜ？

CHAPTER 3

上司は部下のモチベーションを下げるな！

CHAPTER 4

モチベーションを上げる職場・下げる職場

CHAPTER 5

究極のモチベーションの作り方

CHAPTER 6

自分でできるストレス耐性アップ

CHAPTER

1

今、心が折れる職場にいるあなたに

心が折れる原因ってなんだろう？

モチベーションが下がる原因の三分の二は上司の問題

モチベーションが下がるということが、なぜ起きてしまうのでしょう。

モチベーションが下がり続けると、仕事が苦痛になります。その状態が続くと心身に不調をきたし、ついには会社を辞めてしまうことにつながります。

職場で日々頑張っているみなさんには「心が折れる」といったほうがぴったりくるかもしれませんね。まずはこの問題から考えてみたいと思います。

職場で心が折れてしまうのは、多くは上司に問題があります。もっとも、しっかりした上司がきちんとマネジメントをしていても、心が折れてしまう部下は一定数います。その要因としては次のようなものがあげられます。

部下本人の性格、行動パターン、認知の傾向、コミュニケーションや人間関係構築のスキル、ストレス耐性、仕事や職場への適応力、価値観、さらには睡眠状況や運動習慣などです。私の見てきた中では、心が折れてしまった人の三分の一ぐらいが、これらの要因によるものです。

残りの三分の二が、上司に原因があって心が折れてしまった人です。そしてその半分、つまり三分の一のケースは、性格・人格・品格といった上司のキャラクターに問題があると私は考えています。

そのような特性を持っている上司のタイプは、四つに大別できます。このタイプについては『上司が壊す職場』（日本経済新聞社刊）で詳述していますので、ここでは要点を述べることにします。

● **機械型上司** ＝自分の興味がある業務だけをやりたがる傾向がある。部下のマネジメントに興味がなければ、完全な放任となる。プレイングマネージャーが自分の業績だけに情熱を傾け、一切マネジメントをしないこともある。逆に、部下のマネジメントに興味があれば、部下の行動を管理し、事細かに指示命令をする。一切部下に裁量権を与えず、重箱の隅をつつくようなマネジメントをすることがある。

●**激情型上司**＝部下を自分の好き嫌いで判断し、好きな部下はかわいがり、嫌いな部下には冷淡な対応をする。気に入っていた部下でも、何かのきっかけで一度嫌いになると、徹底して嫌がらせをするなど、急降下型の極端な人間関係が特徴。また、感情の起伏も激しいので、他者がいる前でも大声で叱責することが頻繁にある。

●**自己愛型上司**＝自己顕示欲が強く、自分が職場で称賛されることが最大の目的になっている。部下の手柄を自分のものにするのは当たり前で、自分の責任で問題が起こっても自省することはなく、部下のせいにする。勝手に大きな仕事を持ってきて、無理矢理部下にやらせ、顧客や他部署、自分の上司からよく思われることがやりがいになっている。

●**謀略型上司**＝決して感情的になることはなく、冷静に、論理的に部下を追い詰めていくタイプ。自分の目標達成のためなら手段は選ばない。部下が役に立たないと判断すれば、平気で切り捨てる。また、部下の弱みを握ることにたけているので、その武器を利用して脅したりすることが得意。常に優位な立場で絶対服従させるマネジメントをする。

実際には、完全にどれか一つに当てはまるというより、ほかのタイプの要因も備えた複合型が多く見受けられます。

そして、この上司のキャラクター特性を部下が感じていないというのであれば、上司のマネジメント上の問題という、もう一つの三分の一に当てはまるわけです。これは、人としては問題ないけれど、単純にマネジメントスキルが備わっていないことで部下の心を折ってしまう上司です。この観点については『心を折る上司』（KADOKAWA刊）でアプローチしていますので、詳しく知りたい方は、そちらをごらんいただければと思います。

また、会社や組織に問題はないのかという指摘もあります。

確かにそれはあるのですが、だからといって、上司が「会社の体質だからどうしようもないだろう」とスルーして部下に対応していたとしたら、状況は改善されず、部下の心を折ってしまいます。

しかし上司の段階でいったん歯止めをかけ、そこから適切なマネジメントに移行していけば、部下はある程度救われるのです。

ですから組織の問題も、上司の問題としてとらえる観点が必要になってくるのです。事実、会社や組織に問題があっても、部下に適切なマネジメントをしている上司もたくさんいます。

成果主義偏重が引き起こす問題とは

もう一つ、成果主義による評価の問題もあります。

じつは、現状の成果主義による評価制度は、モチベーションアップという観点から見れば、ほとんど機能していないのです。

第2章で詳しく触れますが、モチベーション―動機づけ―には、外発的なものと内発的なものがあります。外発的動機づけとは、賃金や地位など、個人の外部から与えられるものを得るための意欲のことで、一方、内発的動機づけとは、自分自身の興味、関心、成長感などのための意欲のことです。

成果主義は、要は、よければ給料を上げる、悪ければ下げるというものですから、外発的動機づけです。しかし、モチベーションを高めるということを考えたとき、大切なのは内発的動機づけのほうなのです。

自主性にも内発的動機づけが大きくかかわっています。自主的な目標を作れば、自主的な仕事となって、達成に到達しやすくなることは、みなさんうなずいてくださることと思います。

しかし、外発的動機づけ偏重だとどうなるでしょう。

自主的な目標ではないため、能力を限定的にしか使わず、創意工夫をしなくなり、問題意識もなくなって仕事の質が低下する、といったことにつながります。難しい仕事や新しい仕事にも、失敗しそうだからと挑戦しなくなってしまいます。

他者を援助したり、人材を育成したりすることも、評価につながらなければおろそかになるでしょう。成果や報酬に結びつかないのであれば、だれも進んでやろうとはしないからです。しかし、企業にとって、人を育てることほど大事なものはないはずです。

また、評価というもの自体、今年度の成績はどうだったのかなどと、過去の実績ばかりに目が向けられがちです。

でもそれでは、将来への期待感や未来志向ははぐくまれないでしょう。管理職も、数字による評価にとらわれて、期初と期末の目標面談だけでよしとするようになり、ふだんのマネジメントがおろそかになるということも起きてきます。さらには、過去の実績だけで評価され、昇進するということであれば、マネジメント能力のレベルが低くても管理職になれてしまいます。

過去についての議論だけでは、今後の人材開発のような未来への視点がまったくありません。はたしてそれで、その会社は発展しうるのでしょうか。

こうした現状の成果主義の問題点を次ページに整理しましたのでごらんください。

社員のモチベーションは、会社の未来にかかわる

モチベーションという観点から見れば、成果主義に基づく評価というのは、問題山積なのです。モチベーションアップどころかモチベーションダウンが起こっている企業のほうが、圧倒的に多いのではないでしょうか。

column

成果主義による評価制度は、なぜモチベーションアップにつながらないのか

- たとえ適切な評価がされたとしても、給料が少し上がるなどの外発的動機づけで、内発的動機づけを高めるものではない。
- 組織の目標を単純に部下に配分するなど、上から降りてくる目標となりがちで、仕事に関して、与えられ感や、やらされ感が生じやすい。
- 目標にあがっている仕事だけをするようになり、自主的な仕事にはなりにくい。
- 能力を限定的に使い、創意工夫をしなくなる。問題意識がなくなり、仕事の質が低下する。
- 失敗しそうな難しい仕事や、新しい仕事に挑戦する意欲が育たず、事業の発展を阻害してしまう。
- 評価に結びつかない他者への援助や、人を育てることがおろそかになりやすい。
- 評価自体が過去の実績に基づくものであり、将来への期待や未来志向が起きにくい。
- 管理職も期初と期末の目標面談をするだけでマネジメントをしているという気になってしまい、日々のマネジメントがおろそかになりやすい。
- 過去の実績だけで評価して昇進させるやり方は、マネジメント能力のまったくない者を管理職にしてしまう。
- 過去の実績だけの議論では、人材開発がおろそかになりやすい。

制度自体が悪いといっているのではありません。

ただ、なんのために導入するのかという目的と、運用や設定のあり方、評価項目、評価方法、さらには目標面談において行うべき会話に至るまで、モチベーションという観点から徹底的に検討していただきたいのです。

残念ながらそのような努力を何もせず、成果主義だけに重きをおくことがまかり通ってしまっています。

しかし、社員のモチベーションアップにはまったく結びつかず、むしろ、モチベーションダウンの方向に進んでいて、その状況から脱却できていないということに、早く気づいていただきたいと思います。

今からでも少しずつでも改善を図ることで、デメリットを徐々に軽減することはできます。

社員一人一人のモチベーションの問題は、会社全体の未来にかかわる重要なテーマです。内発的動機づけに意識を向け、未来志向をはぐくみ、みずから自主的に働く社員に育てるという視点が、これからの時代に必須だと私は確信しています。

究極のモチベーションはさまざまな効果をもたらしてくれる

理解を深めることからスタート

これから本書で、読者の方々にモチベーションコントロールと究極のモチベーションへの道を歩んでいただくわけですが、具体的にどのようにして実現していくのか、そのステップを次ページに示しておきたいと思います。

まずは、モチベーションとは何か、その理解を深めるところからスタートします。自分の大切なものや強みを知り、モチベーションを高めて、目標を達成するステップへと向かいます。

START

モチベーションの理解を深める

自分のモチベーションの源泉を見つめる

現状のモチベーションを把握する

キャリア・アンカー（自分に合った働き方）を探る

自分の大切なものを知る

原体験を知る

○年後のありたい姿を考える

ビジョンを描く

目標を設定する

マイルストーンを作る

アクションプランを作る

ストレス耐性を高める

願いをかなえる

幸せになる

GOAL!

この本を読めば、モチベーションはもう下がらない

モチベーションを究極的な高さまで引き上げることができるようになると、あわせてどのような効果が実際に得られるのでしょうか。そのことについても触れておきたいと思います。

次のページをごらんください。〈究極のモチベーションがもたらす効果〉を、列挙してみました。

7、8は、自分が他者を支援するということ、自分が他者から支援してもらえるということ、その両方の幸せを感じるということです。

じつは幸せとは、他者から支えてもらうよりも、他者を支えているということのほうが、強く感じるものなのです。そういったこともいっしょに理解していただきたいと思っています。

10は、目の前に魅力ある人、すばらしい人がどんどん現れるようになるということです。人間的、人格的、品格的に魅力的な人たちと出会えていける喜びは、代えがたいものでし

column

究極のモチベーションがもたらす20の効果

1. 目標を自分で決められる。
2. 目標達成意欲が高まる。
3. 目標に近づく幸せを感じる。
4. 仕事が主体的になる。
5. キャリアアップや自分の成長を感じる喜びを味わう。
6. 他者に感謝する気持ちが高まる。
7. 他者から支援してもらえる幸せを感じる。
8. 他者を支援することに幸せを感じる。
9. より深い人間関係が構築できる。
10. 同じようにモチベーションが高い人、魅力のある人に巡り合える。
11. 自分を信頼できるようになる。
12. 自信が持てる。
13. 未来志向が生まれる。
14. 将来に期待が持てる。
15. くよくよしなくなる。人をねたんだり、うらやむことがなくなる。
16. 感動することが多くなる。幸せの涙が多くなる。
17. 人生がよいものだと思えるようになる。
18. 一時一時がかけがえのない時間に思える。
19. 周りにいる人がかけがえのない人に思える。
20. 幸せになる。

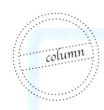

ょう。

この喜びは、モチベーションをコントロールし、高めようと実践している人しか、感じることができないように思います。そうでない人は、不平不満の愚痴をいうだけの同レベルの仲間しか周りにいないことが多く、すばらしい人に巡り会う機会を少なくしてしまうからです。

また、15のように、くよくよしたり、人をうらやましがったり、うとましく感じるといったこともなくなります。

そして感動することがどんどん増えて、人生はいいものだと、心の底から思えるようになります。一時一時がかけがえのない時間になり、周りにいる人がかけがえのない人になります。

そして、幸せになります。

もちろん、今この段階で、究極のモチベーションがもたらすこれらの効果をすべて納得していただこうということではありません。

でも、〈確かにこういうことがあるかもしれない〉〈幸せになるステップになりえるんだろうなあ〉と、少しでも感じていただきたいのです。

モチベーションについてきちんと理解して、意識を持って実践してください。モチベーションが上がらず、今つらくて苦しくてしょうがないという人も、さらに状況が悪化して苦しむということはなくなります。

少しずついい方向に、状況が進みはじめるようになります。そして、必ず幸せに近づくはずです。

CHAPTER

2

モチベーションが上がらないのはなぜ？

目標がないところにモチベーションはない

自己実現こそがほんとうの目標

カウンセリングをしていると、「モチベーションが全然わきません」「仕事に対してまったくやる気が起きないんです」と話される方がいます。「では、どんな目標をお持ちですか」と尋ねると、ほとんどの方が「ありません」と答えます。

それはそのとおりなんですね。**モチベーション（＝動機づけ）とは、目標を成し遂げる（＝欲求を満たす）ための、行動を起こさせる（＝継続させる）、気持ち（＝意欲）ですから、目標のないところに、そもそもモチベーションは存在しないのです。**

そこでまずは、目標を作っていくということが必要になってきます。

ただし、ここで私がいう目標とは、会社から「あなたの今年の目標はこれですよ」と示される目標のことではありません。自分は将来こうなりたい、こんな仕事をしたい、こんな役割を担いたい、こんな責任を果たしていきたいといった、いうなれば人生の目標です。じつはこれこそが、モチベーションの源泉に深くかかわってくる、ほんとうの意味での目標です。ひと言で表せば「自己実現」ということになります。

つまり、目標を作るということは、本来は、自己実現の目標を作るということでもあるのです。上司から命じられてやるだけの仕事には、なんの目標もありません。部下のモチベーションは上がりようがないのです。

多くの企業では今、管理制度として、一年ごとにその年の目標を決め、それにどれだけ近づいたか達成したかで評価をしています。年初には目標設定の面談があり、半期あるいは一年が終わってから、その評価をするために、どこまで達成できたかを照合する面談も行われます。

しかし、ではそれが効果的に機能しているかというと、じつはモチベーションを上げるという観点においては、ほぼ機能していないのです。

目標面談で上司と部下は何を話すべきなのか

目標面談の多くは、

「あなたは今期の目標を何にしましたか？」

営業職であれば、

「売り上げをいくらにしましたか？　製品は幾つにしますか？」

といったものです。そして、

「まあいいでしょう。頑張ってやってみてください。ところで例の顧客との関係はどうなっている？」

というふうに話が進められてしまい、本来の目標に関しては、わずかなすり合わせ程度で終わってしまうということが、往々にしてあるわけです。

これはもったいないことなのです。というのは、**目標面談の場というのは、部下のモチベーションを上げる絶好の機会だからです。**

そうであれば、上司が部下とする会話は全然ちがってきますよね。

「あなたは、一〇年後、二〇年後、この会社でどんな仕事をしていきたいと考えていますか？」

「将来、どんな役割を担いたいですか？」

「どのような仕事に情熱を傾けていけますか？」

きっと上司はそう尋ねるでしょう。すると部下は、

「マネジメントをやっていきたいです」

「部下を束ねてみたいと思っています」

「専門性を高めてもっと大規模な開発をやってみたいと考えています」

といったような答えを返してくれるにちがいありません。そして、

「二〇年後にそのようになりたいのであれば、それまでに、どのようなスキルがあなたに備わったらいいと思いますか？」

「この会社でのステップアップの道筋は見えていますか？」

といった具合に面談は展開していくでしょう。そういう会話をしてほしいのです、ほんとうは。

その結果、部下の心に、〈この会社の中で、自分のやりたいこと、目指すものへの道筋は

あるんだなあ。でも今の自分には足りないところがある。不足しているところは、時間を見つけて自分で勉強をしていく領域だ。なんとしてもそうなりたいから、努力を惜しまずにやっていこう〉というような気持ちが生まれてくるのです。

これが未来志向です。ただ働いているということではなく、未来志向があって、将来のために今努力できているという、その幸せをかみしめないかぎり、モチベーションというものは、まず上がってこないものなのです。

はたして、目標面談でそのような会話がどれだけなされているでしょうか。

将来どうなりたいのか、ではそうなるためにはどのような道筋があるのか、キャリアアップはどう考えているのか、どのような資格を取っていけばいいのか、それを勉強できる時間的な環境は作れそうなのか……。このような会話を心がけている上司は、あまり多くないのではないでしょうか。

困難な目標は自分で決めたものでなければ達成できない

目標面談の時間が一時間あるのであれば、仕事の個々の事項については最初の一分です

り合わせて終わりにし、将来に向けての視点で五九分間会話をしてほしいのです。そして、

「では、その将来のビジョンを実現するためには今年の目標をどうしたらいいのか？」

と、最後はそこに入っていってほしいのです。すると部下は、

「そうなるために私は、このような一年の目標を考えてみました。これは将来、一〇年後に実現するための一つの過程であり、一つのステップになります。ですので、私としてはぜひやってみたいのです」

と、みずからが考えた目標を語ってくれるでしょう。それに対して上司は、

「部門として確かにしっかり貢献できるものなので、私もできるかぎり支援していこう」

これで終わりです。これが、目標面談の本来のあり方なのです。

部下は、努力することを自主的にやっていくようになります。自分の幸せにつながることですから、その努力を苦痛とは思わないのですね。さらには、上司が理解してくれているということで信頼関係も生まれ、よい人間関係が構築できます。

しかし、例えば一〇人の部下がいる上司が、

「一か月五〇〇〇万円売り上げろという指示が来ているから、一人五〇〇万円、ちゃんと売り上げろよ」

といって終わり、というような面談では、部下が自分で決めた目標にはなりえないので、モチベーションは上がりません。もちろん命令された目標が簡単なものならばクリアできるでしょうが、目標が高く困難が予想されるものであれば、部下が自分で決めないかぎりは達成できないのです。ですから、**目標面談ではぜひ、部下が目標を自分で決めるような会話をしていただきたいのです。**

目標設定を間違えたら
モチベーションはゼロになる

到底無理とわかった瞬間、モチベーションは下降する

目標は高ければ高いほどモチベーションが上がっていくという考えがあります。アメリ

カの心理学者ロックの目標設定理論というものですが、ではやみくもに高ければよいかというと、そうではありません。

努力しなくてもできる程度の目標ではモチベーションは上がりません。このことは現場におられるみなさんが日々感じていらっしゃることと思います。そこで**目標設定を高くするわけですが、ここで気をつけなくてはいけないことがあります。**

それは、「努力しても到底無理な、実現できる可能性が感じられない高い目標を立てってはいけない」ということです。モチベーションがちょっと下がるというようなレベルを超えて、ゼロになってしまうという事態が起きてしまうからです。

四〇ページに図で表してみました。Aさんは今、Iの位置にいて、目標を作りました。頑張ればなんとかできそうという位置がⅡで、ここを目標に設定して努力しているAさんのモチベーションは非常に高いものがあります。

ではⅡを超えて、到達できそうにない高いレベルの目標を設定してしまったとします。頑張っているうちに、やはりとても手が届かないとわかった瞬間、Aさんのモチベーションは思いっきり下降し、ⅡにもIにもとどまらずに、ほぼ完全にゼロまで落ちてしまうのです。可能性の限界点であるⅡを閾値《いきち》といいますが、つまり閾値を超えて目標設定をしては

Aさんの目標設定とモチベーション

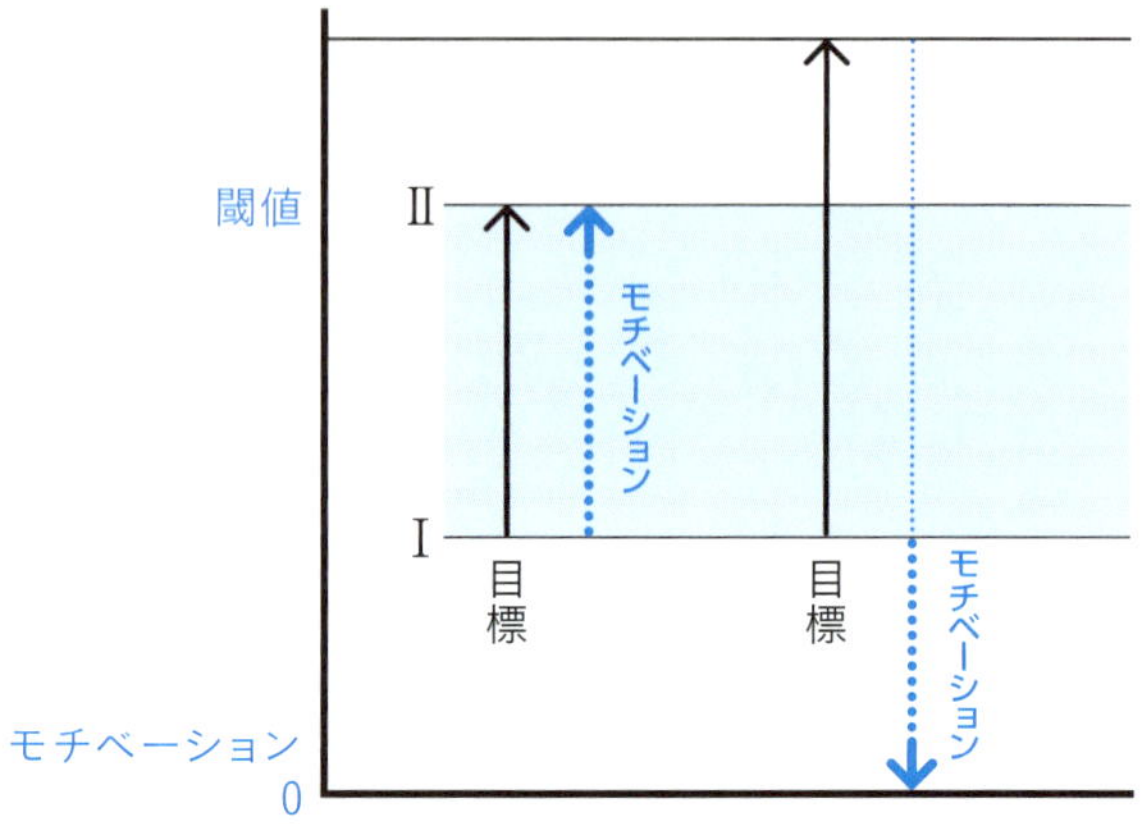

いけないということなのです。

例えば、営業のBさんが頑張って五〇〇〇万円売り上げたとします。ほんとうに大変でしたが、でもなんとか実績を上げたのです。そこで上司が、

「じゃあ、あなたの来年の目標は一億にしましょう」

といったとします。Bさんは〈あれほど頑張って五〇〇〇万円だったのに、一億なんてとても無理だ〉と心が折れてしまいます。閾値を大きく超えてしまっていますから、モチベーションはゼロになってしまいます。そんな目標はないのと同じです。

「じゃあ二五〇〇万円にしよう。それなら大した努力をしないでできるだろう」

これもまたBさんのモチベーションを下げてしまいます。

つまり、モチベーションというものは、頑張ればできるというぐらいまでなら、高ければ高いほど上がっていきます。

しかしある一定のライン、限界点、閾値を超えてしまうと、ほとんどゼロにまで落ちてしまう。なので、そうならないように高めていくということが求められるわけです。目標設定というのは、それほど大事なものなのです。

限界点は本人しかわからない

では限界点ぎりぎりのところに目標設定をするのがいいのかというと、必ずしもそうではありません。ここが難しいところです。

マラソンで考えてみましょう。日本のマラソン競技人口は数十万人ともいわれ、フルマラソンの大会に参加する人もたくさんいます。しかし、国際大会などに行ける人となると、そのうちのほんの一握り。ましてやオリンピックに出場できるとなると数人しかいません。

マラソンを楽しんでいる市民ランナーが、トレーニングを積み重ねて、記録を五分、一〇分縮めるのは、さほど困難ではないでしょう。しかしトップ選手の場合はどうでしょう。五分短縮するのに、どれほどの努力を要することか。

ダイエットもそうですね。例えば、標準体重六〇キロの人が倍の一二〇キロまで太ってしまいました。この人の場合、一〇キロ、二〇キロの減量は、食事制限と運動で、二、三か月で達成できるでしょう。しかし、では標準体重が六〇キロで、体を絞りに絞ってようやく五五キロになっているボクサーはどうでしょうか。この人がさらに一キロ落とすには、地獄のような、とてつもなく過酷なトレーニングに挑まなければならないでしょう。

つまり、ただ単純に目標を限界点ぎりぎりまで高めればいいということではないのです。努力との引き換えになりますから、自分の状態と照らし合わせて考えることが大事になってくるのです。

その人の限界点なり閾値は、他者からは見えません。余力がどれほどあるのか、どれだけ努力を要するのかは、本人でなければわからないことです。だからこそ目標は自分で決めないといけないのです。

人からいわれた目標は達成できない、自分で決めたものだけが達成できるという理由が、おわかりいただけたでしょうか。

目標・認知・感情が関係し合ってモチベーションは生まれる

その仕事に価値が感じられるか

モチベーションを考えていくうえで、目標とともに重要なのが「認知」と「感情」です。

モチベーションにかかわる認知は、「期待」と「価値」の二面から見ることができます。

期待とは、頑張ればできるという「成功可能性」、「実現可能性」です。

価値は、取り組むに値する行為です。つまり、それをやる価値は何かということです。もう少しいえば、なぜそれを成し遂げたいのか、目的は何か、達成できたら何が得られるのか、そういったことがちゃんと意識化されているということです。

意識化は、明確ではなくおぼろげでも、そういうものが感じられるということでもよいと思います。例えば、やる意味をまるで感じられない仕事を振られることって、ありますよね。〈こんなことをやって、なんの意味があるんだ、無駄だろう〉と思うような仕事です。その仕事をしているときは苦痛でしかないでしょう。

その一方で、大変でも〈製品の品質を保つためには欠かせない仕事だ〉〈サービスの向上、顧客の満足度につながることは理解できる〉〈組織に貢献できると感じる〉といったように、仕事の意味合いや目的がわかっていれば、働く人のやりがいは生まれます。

ですから、期待が持てるのか、取り組む価値が感じられるのか、つまり期待と価値について、どのような認知をしているのかが問われることになるのです。

理想はワークエンゲージメント状態で働くこと

目標ができ、期待も価値も感じている状況でも、〈仕事がつらい〉という事態は起こりえます。これが感情の働きです。これではモチベーションは下がってしまいます。

感情は、基本的にはポジティブであってほしいものです。仕事でいえば、携わっていることの楽しさ、うれしさ、面白さ。仕事を通して成長ができている、自分がなりたいものに近づけているという弾むような気持ち。あるいは、周りの人がサポートしてくれるような良好な人間関係の中で仕事ができる喜び……。そういうポジティブさです。

その対極が、嫌悪や恐怖の感情です。上司がパワハラをしているような状況でモチベーションが上がりにくいのは、パワハラが完全に嫌悪と恐怖の世界だからです。

ですので、**仕事の達成感や満足感、あるいは仲間に支えられる心地よさといったものを、できるだけ得られるようにしていくことが求められるのです。**

自分でできる感情のコントロールも必要になってきます。このことについては、そもそも感情はどのようにして生まれるのかというテーマとあわせて、後半の章で説明します。ここでは重要なキーワードの一つ、フローについてお話ししておきます。

フローとは、「何かに没頭している独特の心理状態」のことです。じつはフローが得られている状態は、モチベーションの極みにあるのです。

趣味や遊びに熱中していると、面白くて、どんどん時間が過ぎて、もっともっとやっていたいときってありますよね。この状態がフローです。特に子供の頃はフローになりやすく、同じことを何時間もずーっとやっていたりします。

じつは仕事においてもフローはあるのです。積極的にかかわっていたり、我を忘れて没

モチベーションと目標・認知・感情

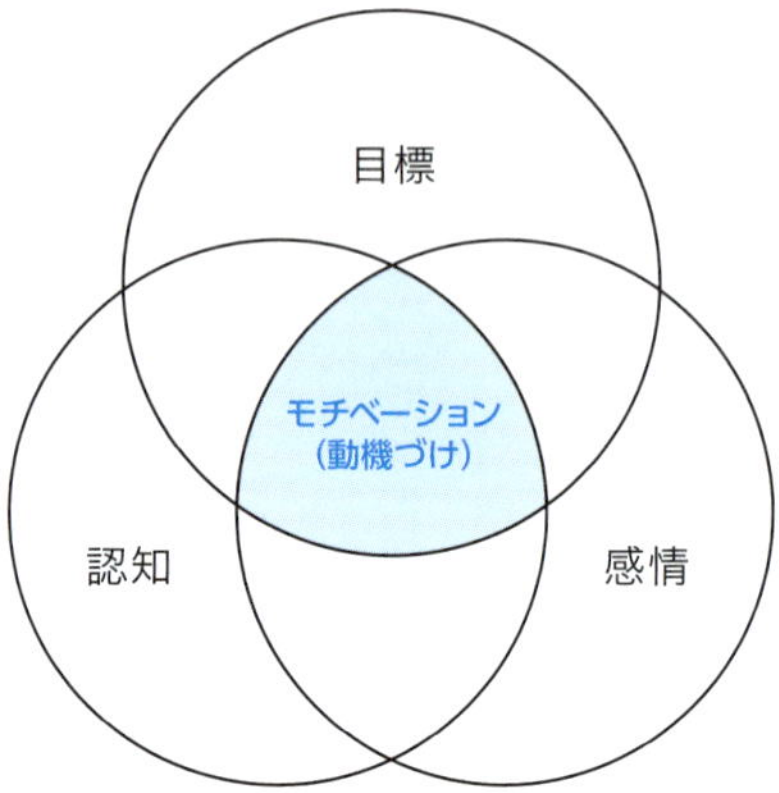

頭している状態です。これをワークエンゲージメントといいます。もちろんここでもモチベーションは究極的な高さにあります。

ですから理想は、いってしまえば、「ワークエンゲージメント状態で働きましょう」ということに尽きるのです。

では、ワークエンゲージメントは、どのようにすれば手に入れられるのでしょう。

じつは、仕事以外のことが大きくかかわっています。例えば、大好きな趣味とか、生涯を通して続けていきたいスポーツなどです。そのような世界を持っている人は、仕事にも没頭しやすく、仕事上のパフォーマンスも高まる傾向があることがわかっています。

ですので、仕事におけるモチベーションを

考えたとき、会社、職場という狭い領域だけでどうにかしていくというのではなく、もっと広くとらえて、プライベートの充実を図ったり、夢中になれる趣味やスポーツといった世界を持つなど、仕事を離れたところでもフローが得られるようにすることが大切になるのです。

仕事とプライベートのフローは連動している

みなさんは、フローになれる何かをお持ちでしょうか。

もしもないようでしたら、まずは仕事において、過去に、どのようなことをしていたときにフロー状態になったかを、思い出してみてください。そして、なぜその仕事でフローになりえたのか、それを考えてください。すると、〈自分は仲間と一緒に目的に近づいたり、互いに助け合ったりする環境だと、すごくフローになりやすいんだなあ〉〈こつこつと努力してちゃんと成果が上がっていくと、自分はフローになっていくんだなあ〉といったように、何か気づくことがあるはずです。それを大事にしてほしいのです。

同様にして、プライベートも考えてみてください。どのようなことでフローになっているのか、あるいはどれぐらい前にフローがあったのかを思い出してください。

私の例で恐縮ですが、私はスキーが大好きです。一年の三分の一、一二〇日滑っていたこともありました。その間は、私は完全フロー状態です。

でも、スキーが嫌いな人が無理強いされたらどうなるでしょう。〈なんでこんな硬い靴を履かなくちゃいけないんだろう〉〈足が痛いのに、なんで吹雪の中でずっと滑らないといけないのか〉〈休憩してあたたかいコーヒーでも飲んでいたい〉と、思いますよね。それをもしも四か月続けるよう命じられたら、その人はうつ状態になるかもしれません。

何によってフローになるかは、人それぞれでちがうのです。だからこそ、目標は自分で作らなければならないのです。

研修では、「最近プライベートでフローになっていない」と話す方がかなり高い割合でいらっしゃいます。そういう方は、やはり仕事でもフローになりにくいようです。もちろん「プライベートでフローはないけれど、仕事には没頭できている」という方もいらっしゃいますが、多くの方は、仕事とプライベートのフローが連動しているように思われます。

フローがここ数年ないという人は、フローが得られるよう、そういう機会を増やすよう、今からぜひ努力してほしいと思います。

究極のモチベーションを持っている人は職場の五パーセント

自分は今どの欲求段階にいるか

人生の目標とは自己実現なのだと前述しました。

この自己実現とモチベーションの関係を、アメリカの心理学者マズローの欲求五段階説から見ていくことにしましょう。

マズローの説は五二ページの図のようなピラミッド型で示されます。まず低次の欲求があって、それがクリアされると次の欲求が起こり、それがある程度クリアされると、また次の欲求が起こってくる、そういう考え方です。そして最上位にあるのが自己実現欲求ということになります。

マズローは、低次の欲求が満たされなければ、より高次の欲求が起きてこないといっています。確かに下からクリアしていけば上に行きやすいという面はあるでしょう。

しかし、この段階を必ず踏まなければ自己実現の欲求が起きてこないかというと、そうではないと私は考えています。真ん中あたりのステージにいる人が、自分の大切なものを見つけて、自分の自己実現ってなんだろうと気がつき、その観点と意識を持って頑張れば、いちばん上のステージで働けるようになるはずです。

そこでまず必要になってくるのが、今自分がどのステージで働いているのかを知ることです。しかし、ほとんどの人は、そのような意識を持たれたことはないのではないでしょうか。ましてや明確に、今自分は「所属と愛の欲求」にいる、「自尊欲求」にいると答えられる人は、あまりいないのではないかと思います。

でも今日からぜひ、自分のステージを意識し、理解を深めてほしいと思います。自分がいるステージをしっかりと把握できれば、モチベーションのコントロールがしやすくなるからです。

ですから、ここでみなさんに、自分は今どのステージにいて仕事をしているかを考えてみてほしいと思います。そのうえで、これから説明することと照らし合わせながら読み進めていただきたいのです。

パワハラとは安全欲求を脅かすもの

まずいちばん下の**「生理的欲求」**からです。**生理的欲求とは、空腹や渇きなど、生命を保つために欠かせない欲求のことです。**このステージでとどまっている人は、いろいろと生理的な欲求が満たされていない状態です。

生理的欲求の中では、働く人々が最も満たされていないと考えられるのが睡眠です。睡眠が脅かされる状況で働いている人は、ここにとどまらざるを得ません。

過重労働で極度の睡眠不足に追い込まれれば、このステージにとどまるほかないのです。そのような過重労働状態では、〈こんなことを成し遂げたい〉とか〈自分の成長が感じられる〉といった意識はまず起きません。〈今日は睡眠がとれるだろうか〉〈こんな働き方では体が壊れてしまう〉というようなことしか意識に上らないでしょう。

多くの企業では、長時間労働の結果、社員が睡眠時間を脅かされることになるという問題を抱えています。政府は働き方改革を進めていますが、残業時間に上限を定めるなどの

マズローの欲求5段階説

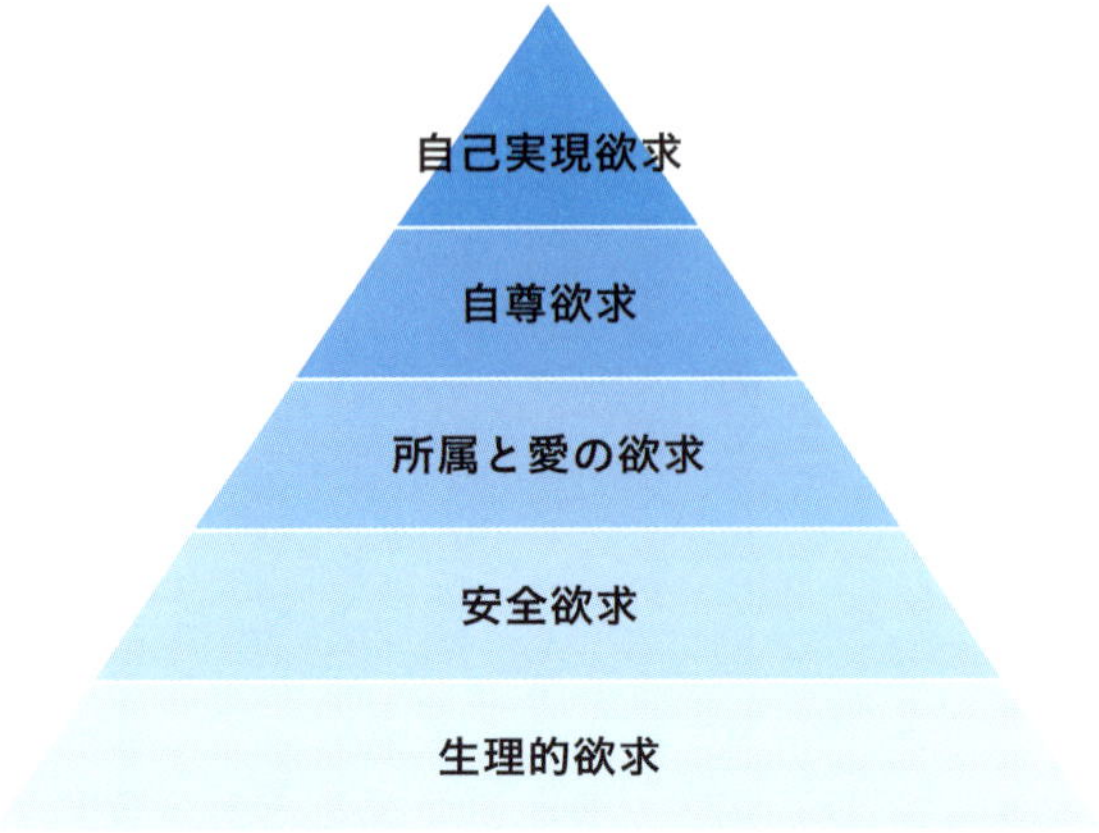

仕組みは、方法として必要なことかもしれません。

生理的欲求が満たされている人は、次の**「安全欲求」**のステージに上がれます。**これは、危険を避けたい、安全な状態を保ちたい、安心できる職場で働きたい、そういう欲求です。**

もちろん危険と隣り合わせの仕事も世の中にはあります。ただし現在は労働安全衛生法も厳しくなり、労働災害の撲滅を目指して国も企業も一緒に取り組んでいますから、この問題は少なくなる傾向にはあります。

とはいっても、危険とは、身体的なことだけをいうのではありません。〈リストラされるんじゃないか〉〈会社がなくなってしまうのではないか〉という精神面での危険も、このレベルに値します。いつ肩たたきにあうか、いつ会社が倒産するか、そういう恐怖の中で働くことは、安全欲求が常に脅かされている状況にあるということです。

じつは、上司のパワハラも同じレベルです。パワハラは、叱責する、侮辱する、攻撃するという行為によって、身の危険を感じることになるからです。上のステージの所属と愛の欲求には信頼という要素があるのですが、パワハラはそういう人間関係レベルとしてではなく、安全欲求を脅かすものとしてとらえるべきでしょう。

パワハラに限らずセクハラもですが、さまざまなハラスメントを受けている状況では、安全欲求のステージにとどまるしかありません。したがって、その上の欲求が起こりえないということになってしまいます。

七割ぐらいが、「所属と愛の欲求」のステージで働いている

生理的欲求、安全欲求が今のところは脅かされていない状態なら、その上のステージの**「所属と愛の欲求」**に行くことになります。これは、**「信頼関係や愛情に満ちた関係を持ち、そのような集団に所属したいと思う」欲求です。**したがって、仲間が支えてくれる、相談

できる人がいる、親身になって解決策を一緒に考えてくれる人がいるといった、人間性が感じられる人たちと仕事をしているのであれば、このステージをクリアしていくことができます。

ところが残念なことに、このステージでとどまっている人が、じつは圧倒的に多いのです。

現在の日本の就労人口は六〇〇〇万人を超えていますが、私が長年カウンセリングに携わってきた感触では、七割ぐらいが相当するのではないかと思っています。

やはり、職場での不平不満というのは、けっこうあるのです。〈自分にだけいつも割に合わない仕事が回ってくる〉〈周りの人はみんな非協力的だ〉〈一生懸命働いているのに上司の評価がいまいち低い〉とか、あるいは上司であれば、〈なんで部下は私の考えを理解しようとしてくれないのだろう〉〈もう少しチームワークよく協力してくれればもっと成果が上がるのに〉というような、不平不満です。ですからここにとどまってしまう人が、かなり多いと考えられるのです。

このステージを乗り越えられると、**「自尊欲求」**が起こってきます。**自尊欲求とは、「しっかりと仕事をしているという自分に対しての気持ちがあって、それを他者が評価してく**

れて認めてくれているということ。さらには自主的に働きたいと思えている」というステージです。

所属と愛の欲求までは、最低限いわれたことはやっていく、怒られないようにやっていくという領域です。しかし自尊欲求は、いわれていないことでも、積極的に自主的に取り組んでいくという領域なのです。ですから、ここからは、真の高パフォーマーというレベルになってきます。

では、どのぐらいの人がこの自尊欲求のステージで働くことができているのでしょう。

私の感触では、分布としては、生理的欲求にとどまっている人は五パーセント、安全欲求は一〇パーセント、所属と愛の欲求が七〇パーセント。そして自尊欲求は一〇パーセントぐらいでしょう。

ちなみにその上の自己実現欲求は五パーセントぐらい。つまり、所属と愛の欲求の上下は、一五パーセントずつということになります。

確かにどの会社でも、五パーセントぐらいは、非常にモチベーションが高く、成果を出している人はいて、それに近いレベルの人も一〇パーセントほどはいます。また、ハラスメントを受けてつらい思いをしている人はやはり一〇パーセントぐらいいて、過重労働でいつ不調になってもおかしくないという人も、五パーセントぐらいはいるのではないかと思います。

自己実現の行き先は他者支援

最後のステージが**「自己実現欲求」**です。自尊欲求がある程度満たされると、このステージに入っていきます。

このステージはもう高モチベーションの極みで、周りがサポートしてくれるかどうかとか、評価してくれるかどうかなどは一切関係なく、ただ「自分はこうなりたい」という確固たるものがある、いってみれば別格の領域です。

このステージに至る人は、こうなれば自分が幸せになるということがちゃんとわかっていて、そこに突き進んで努力をし続けられて、そして確かに近づいているという感覚が得られている人なのです。

つまり、前述したワークエンゲージメントの状態はまさしく、このステージなのです。したがって、ワークエンゲージメントを得られている人というのは五パーセントほどなのでしょう。
最初に触れたように、下のステージの人でも、問題に気づいて、自分自身で少しずつ上げていくというアプローチはできます。本書を読んでいただいて、ぜひいちばん上のステージを目指してほしいと思っています。

付け加えて、もう一つ触れておきたいことがあります。**じつは自己実現欲求には、さらに高い領域があるのです。それが他者支援です。**つまり、「自己実現＝自分はこうなりたい」ということを継続していると、それをほかの人にも伝えてあげたいという領域に入り、後進を指導したり育成したりということに、どんどん情熱が高まっていくのです。

大成功を収めたすばらしい経営者を思い起こしてみてください。極めた人というのは、自己実現は果たしていますから、その人たちが次に何を目指したかといえば、次世代の人材を育てるということです。あるいは、成功体験を少しでも共有してもらえるよう努力するということです。意識が他者への支援に向いているのです。

このレベルまで至ると、モチベーションをコントロールするとか、そういう次元ではなくなります。このことは、とても重要なことだと私は思っています。

外発的動機づけではなく内発的動機づけに目を向ける

充実感を高めるには内発的な動機づけが大切

第1章でも少し触れましたが、モチベーション＝動機づけには、外発的動機づけと内発的動機づけの二つがあります。目標という観点から整理してみましょう。

外発的動機づけは、「賃金や地位など、個人の外部から与えられるものを得るための意欲」です。一方、内発的動機づけは、「自分自身の興味、関心、成長感などのための意欲」です。つまり、前者は外部から、後者は内部からということです。

じつは、モチベーションを高めるには、外部的動機づけでは弱いのです。賃金や地位などは、もちろん少しは寄与しますが、それほど強くはありません。

しかし、その人の内部からメラメラと燃えてくるような情熱、興味や関心、あるいは、成長につながる、なりたい自分に近づけるといった思いは、すごく強いモチベーションなのです。

ですので、内発的動機づけを高めていけばいいということになります。

自己決定と自己効力感が内発的動機づけを高める

では、そのためには何が必要になるのかというと、「自己決定」と「自己効力感」です。

自己決定というのは、「自分自身の行動は自分で決める」ということです。つまり、目標は自分で作らなければいけないということにつながってくるわけです。

繰り返しになりますが、自分が立てた目標でないと達成できません。そのためには、やり方とか、自由度とか、コントロール度とか、ある程度の裁量権も必要になってきます。ですから、上司から事細かにやり方を決められたり、指示命令どおりにしか動けないというような働き方ではだめだということになります。上司からどのようなところまで裁量権や権限が委譲されているかは、とても重要なのです。

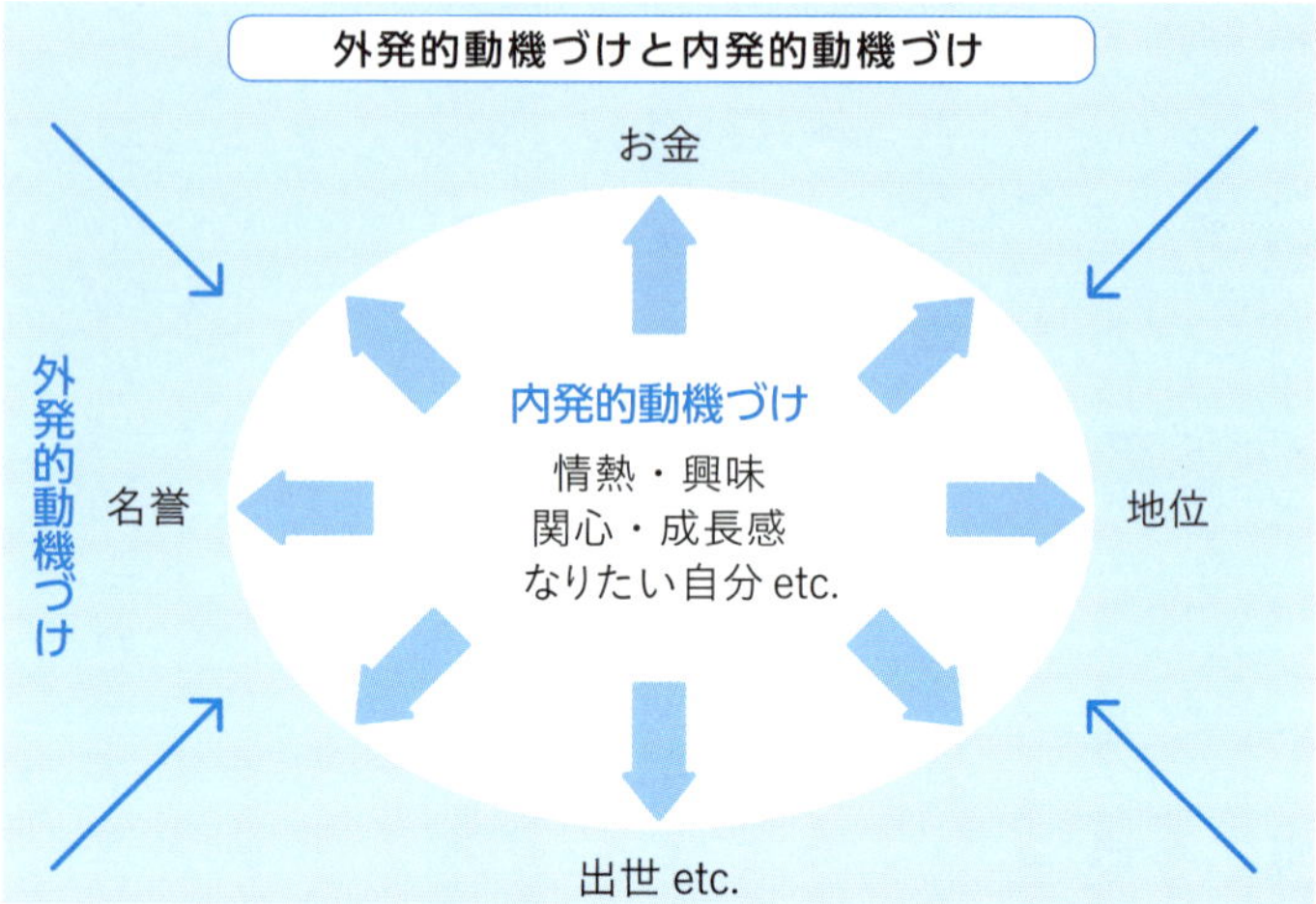

しかし世の中には、そのことをわかっていない上司もやはりいます。「つべこべいわずにやれ」「いわれたことだけやれ」というタイプです。そういうケースでは、モチベーションはまったく得られないことになります。

ですから、現実にそういう上司であれば、〈今自分は、上司から自己決定が得られないからモチベーションが少し上がりにくいんだな〉と、自分の中で認識していくことが必要になってきます。

〈なんだかわからないけどモチベーションが上がらない〉というままでは、アプローチのしようがありません。何が影響してモチベーションが下がっているのか、その理由をしっかりと見て、理解するようにしてほしいと思います。

もう一つの自己効力感ですが、これは、「自分が行動することによって目標を達成できると思う」ことです。前述した成功可能性、実現可能性と同じです。つまり、期待が持てるかどうかということです。

自己決定、自己効力感、この二つがしっかりとそろえば、内発的動機づけは高まりやすいということになります。

モチベーションというものの本質と大切さが、なんとなくでいいのですが、おわかりいただけたでしょうか。

CHAPTER

3

上司は部下のモチベーションを下げるな！

上司の人間観が部下のモチベーションを左右する！

X理論の上司なのか、Y理論の上司なのか

働く人のモチベーションには、上司がどのような人間観を持っているかが大きく影響します。

経営者や管理者、上司の人間観やマネジメントスタイルについては、アメリカの心理学・経営学者マグレガーのX・Y理論というものがあります。難しそうに聞こえますが、わかりやすいものなので、ぜひ知っておいてほしいと思います。

まずはX理論です。これは、基本的に「人間は怠けるものだ」という見方です。ですから、部下への対応としては、怠けるから怠けないようにさせよう、ということになります。

つまり、指示し命令して、少しでも怠けていれば叱責し、罰するというやり方です。これでは部下は、いわれたことだけをやる、怒られないようにやる、そういう働き方になりやすいですね。つまり、部下は持っている能力の一部しか使っていかないということになります。

一方Y理論は、「人間は自尊欲求や自己実現欲求が満たされるようなものに対して、みずから率先して働いていくものだ」という見方です。Y理論では、部下は自主的に仕事をしていきますから、持っている能力を最大限使って成果を出していこうという働き方につながります。

問題が起きたときの上司の対応もちがいます。X理論の上司は解決を部下に押しつけるので、部下は〈命令だから仕方ないけどやるか〉となります。しかしY理論の上司の下では、部下は常に問題意識を持っていますから、自分自身の問題としてとらえ、〈自分が解決していこう〉と能動的になります。

つまり、上司の人間観しだいで、部下のモチベーションは変わってくる、ということなのです。

人間観が、無制限な努力を引き出す

仕事上、優位な立場にある人の場合にも同じことがいえます。みなさんの場合、優位者である先輩や取引先の担当者は、どちらの人間観に当てはまるでしょうか。あなたのことを信頼して全面的に任せてくれるような、取引先の担当の方っていますよね。そこでは、〈この人のためにも、努力していこう〉という気持ちが湧き、〈期待以上の成果を出していきたい〉と思うのではないでしょうか。つまり、努力は無制限になっていくわけです。

一方で、重箱の隅をつつくように、あれはどうなった、こんなことに気をつけろ、こうしなくちゃだめだと、まくしたてるように話す担当者も、やはりいますよね。こちらのことを全然信頼してくれないわけです。そこでは、最低限NGが出ないように整えるという方向に意識が向いて、成果が出にくくなってしまいます。

上司のことに話を戻すと、上司というのは部下に対して、非協力的だとか、無責任な態度だとか、チャレンジ精神がないとか、すぐに部下が悪いというようにとらえがちです。

そのようなことをおっしゃる上司の方に、私が問いたいのは、

「あなたは、X理論でしょうか、Y理論でしょうか？　部下に対してどちらの見方をしていますか？」

ということです。もしも部下にX理論の見方をしているのであれば、上司であるあなたに問題があるのではないかと思うのです。

不適切な職場風土がしみ込んでいる上司が部下のやる気をなくさせる

従業員のモチベーションに大きく影響する組織の特性

上司の問題を、もう少し掘り下げてみることにしましょう。

アメリカの経営学者・行動科学者リッカートが提唱したシステム4（フォー）という、

リーダーの管理システムを四つに分類した理論があります。ポイントは次のようになります。

システム１。これは「独善的専制型」といって、常に命令が下りてきます。上司は部下をまったく信用せず、恐怖とか懲罰制によって働かせるという流儀です。

それより少し緩いのが、**システム２の「温情的専制型」です。上司は部下に対してある程度の信頼感を持っているものの、恩着せがましいところがあったりします。**ほとんどの意思決定はトップから下りてきますが、わずかに部下に裁量権を与えています。報酬を与えることもありますが、処罰のほうが圧倒的に多い。この状況では、部下は警戒心を持ちつつ働くということになってしまいます。

システム２よりはいいのが**システム３の「相談型」です。上司は部下にかなり信頼感を持っていますが十分ではありません。**権限については、日常的な個々の決定は部下に委譲していますが、そうでないものも残っています。報酬はあるが処罰もまだ残っているという状況です。

評価システムに成果報酬という考え方がありますが、それはこのシステム３あるいはシステム２で多く運用されているように見受けられます。今の成果主義は、要は、頑張って

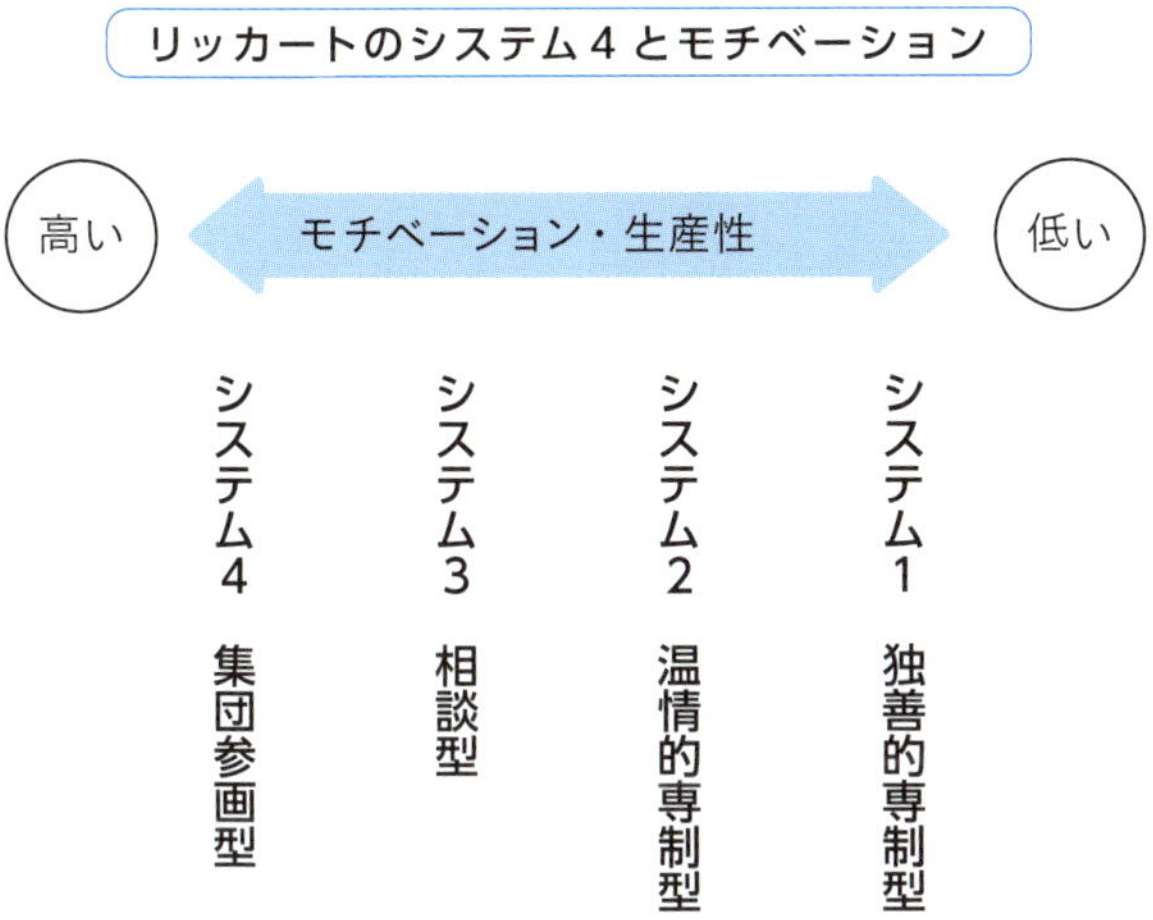

ければ給料を下げます、という仕組みですよね。この仕組みを賃金カットのために導入する企業であればシステム2に、業績を上げればきちんと報酬を与えるという企業であればシステム3になりやすいように思います。

最後が、いちばん望ましいとされているシステム4の「集団参画型」です。これは全面的に部下を信頼している働かせ方です。意思決定もほぼ部下に委譲しています。ですから、目標を部下に決めさせるし、仕事のやり方も部下に考えてもらうし、部下を尊重した評価もしています。ここでは、部下は信頼と信用に基づいて働くわけです。そして相乗的に部署全体のモチベーションは高まり、生産性が向上する傾向があることは、さまざまな調査から明らかになっています。

つまり、上司の人間観だけでなく組織の特性によっても、従業員のモチベーションは大きく影響を受けるのです。

したがって、あまり望ましくない組織特性を、上司が忠実にマネジメントに移行してしまうと、そのまま部下に影響してしまいます。ですから、上司としては、そのことをしっかりとわきまえ、できるだけY理論にのっとったマネジメントをしてほしいのです。少なくとも自部署が抱える問題点は、改善、克服できるはずです。

心の病を増加させてしまう職場風土とは

職場風土の問題にも触れておきましょう。

二〇〇六年に社会経済生産性本部が行った調査で、コミュニケーションの機会が減少したという企業に、「従業員の心の病は増加したか」と質問をしたところ、Ｙｅｓと回答した企業は七一・八パーセントという高い数字でした。一方、コミュニケーションの機会が減少していないという企業に同じ質問をしたところ、四六パーセントにとどまりました。

職場風土の状況と心の病

質　問	回答	心の病が増加した割合
人を育てる余裕が職場になくなってきている	Yes No	60.2% 35.3%
組織・職場とのつながりを感じにくくなってきている	Yes No	63.5% 43.8%
仕事の全体像や意味を考える余裕が、職場になくなってきている	Yes No	61.6% 42.9%

「メンタルヘルスの取り組み」に関する企業アンケート調査
（2008年／財団法人社会経済生産性本部）に基づき、編集部で作成

職場の助け合いという観点からも質問しています。心の病が増加したと回答したのは、職場の助け合いが減少したという企業では七二パーセント、職場の助け合いは減少していないという企業では五一・四パーセントでした。

前者では二五ポイント以上、後者は二〇ポイント以上と、大きな有意差です。

もう一つ、別の調査も紹介しておきます。

上の表をごらんください。

ここでもはっきり見えてきますね。**人を育てる余裕がない、組織・職場とのつながりを感じにくい、仕事の全体像や意味を考える余裕がないといった環境風土の職場ほど、心の病が増加することが顕著になっています。**

要因が幾つも重なっていれば、なおさらでしょう。

心の病が増加したというのは結果ですから、病に至るまでの段階で、確実に従業員のモチベーションは低くなっています。

ですから、**コミュニケーションや助け合い、人を育てるといったことを大切にする職場の風土が、いかに重要かということになるのです。**

また、そうであれば、従業員のモチベーションを上げるには、組織的なアプローチに有効な手段があるということです。上司も、コミュニケーションや助け合いを図るなど、部下を育てるといった観点で努力できることはあるはずです。

〈部下を育てるという観点が少ないなあ〉と感じたら、そこを手厚くしてアプローチすれば、部下のモチベーションは上がりやすくなるのです。もちろん、心の病が発症しづらいということにもなるわけです。

〈そういう会社なんだから、ほかにやりようがないだろう〉という姿勢は、上司としては失格です。組織特性や環境風土がたとえ望ましいものでなくても、部署では自分がトップなのですから、自身で改善していけばいいのです。上司の方にはぜひ、実行していただきたいと思います。

聞く耳を持たない上司の末路

聞く耳を持たない上司とアサーティブな上司

上司には大きく二パターンあります。

一つは、部下に対して攻撃的な態度をとったり、部下の話に聞く耳を持たない上司です。

確かにいますよね。その上司の下で働く部下たちはどうなるかというと、〈いってもどうせ聞いてくれないだろうし、理解してもらえないよ〉という意識になってしまいます。すると建設的な意見はなくなり、部下は問題を自分のことと認識しなくなってしまいます。いわれていないことはやらないし、解決しろといわれないかぎり問題にも着手しない、創意工夫もしない、チャレンジもしなくなります。

これが繰り返されると、職場風土として定着してしまいます。そこで働く人の全体的なモチベーションが低くなるのはいうまでもないですね。

一方で、傾聴の姿勢をしっかりと持っている、アサーティブな態度がとれる、そういう上司もいますよね。アサーティブとは、相手を尊重して意見をいったり、思いを伝えるといった、配慮ある発信ができるということです。

そこでは職場の雰囲気はちがってきます。建設的な意見をいいやすくなります。部下自身も人の話を聞くようになり、相手に配慮した意見をいうようになります。つまり、コミュニケーションがよくなっていくのです。上司のアサーティブな姿勢が部下に浸透し、今度はその部下がほかのメンバーにも影響を与えるという、そんな波及効果が生まれます。

そのような環境で働いている部下は、命令されなくても率先して仕事をしていくようになります。問題意識を持っていますから、問題が起きれば自分で解決していきます。新しいことにも積極的にチャレンジするマインドが養われます。

これが繰り返されると、職場風土として定着します。すると、モチベーションや生産性の向上、さらには業績への寄与が図られるということにもつながります。

上司が部下のいうことに聞く耳を持っているかいないかだけで、その結果に大きなちがいが出るというわけです。

上司の失敗許容が部下を育てる

カウンセリングをしていると、

「自分の部下は、いわれたことはやるんだけど、いわれないことは一切やらない。どうしたらやってくれるんだろう」

「新しい仕事とか難しそうな仕事があり、だれかやる人はいないかと聞いても、手が挙がらない。まったくやる気が感じられない」

と嘆く上司の方は、たくさんいらっしゃいます。

ここで考えてほしいことが二つあります。**それは、新しい仕事や難しい仕事に対し、「何があればチャレンジするようになるのか」ということが一つ。もう一つは、「何がなければチャレンジしなくなるのか」ということです。**その「何」とはなんなのでしょう。

例をあげて考えてみましょう。

Cさんが新しい仕事をして失敗してしまいました。会議の場でA上司は叱責します。

「半年も任せたのに、結果がこれか。どうやって責任とるんだ。コストがかかっているんだよ、どうやって回収するんだ」

Ａ上司はさらに続けます。

「そもそもできると思っていなかったよ。でもおまえがやるっていうから任せたのに。やっぱりおまえにやらせるんじゃなかったよ」

そして会議の最後に、新規の仕事の発表がありました。

「だれかやる人いるか？」

……。だれも手を挙げません。当然です、無理ですよね。

次はＢ上司の対応です。

「今回は失敗したね。でもこれは簡単に成功することではないし、そもそも前例がないからね。不安はあっただろうに、でもよく勇気を持ってチャレンジしてくれた。わからないことは先輩に頭を下げて教えてもらって、どうにか成功させようと必死に取り組んでいたね。その姿を私はちゃんと見ていたから。そんなふうに一生懸命努力できる部下を持って、私は幸せだ」

そして会議の終わりに、

「新しいプロジェクトが決まったんだけど、だれかやってみないか？」

おそらく真っ先にCさんが手を挙げるでしょう。〈今度こそ挽回して、B上司のためにも成功させるぞ〉と心に期して。

この事例では、何があって、何がないのか。

それが失敗許容なのです。たった一つ、失敗許容があるかないかで、Cさんのモチベーションにこれほどのちがいが出るのです。もちろんほかの要因も絡んではいるのですが、失敗許容の持つ力はとても大きいのです。ですから、部下が失敗したときにどれほど許容できているかが、上司に問われることになるのです。

このことを理解していない上司にかぎって、

「まったくうちのやつらは……」

と嘆いてしまうのです。

私は、企業のマネジメントにおいて何より大切なのは、管理ではなく、「育てる」ことだと信じています。企業が社員を育てるのは、自分の子を育てることと変わりはありません。

上司が部下を育てるということも、まったく同じです。叱責したり、脅かせば人は育つかというと、そんなことはありえないのです。

部下のモチベーションがゼロになる法則

モチベーションにかかわる五つの職務特性

三九ページで、閾値を超えるとモチベーションはゼロになってしまうという話をしましたが、じつはもう一つ、モチベーションがゼロになる場合があるのです。**それは中核的な職務特性によってもたらされるものです。**

どういうことなのでしょう。

じつは、どんな職種・職務にも共通する中核的な職務特性というものがあります。中でも、**スキルの多様性、タスクの一体性、タスクの重要性、自律性、フィードバックの五つがモチベーションにとって重要とされています。心理学者ハックマンと経営学者オルダム**

が「職務特性モデル」として理論化したものです。

一つずつ説明しましょう。

仕事には、スキルを一つ持っていれば完結できるものと、複数のスキルを必要とするものがあります。じつは後者のように、必要とされるスキルや能力が多いほうが、モチベーションは高まりやすいのです。これがスキルの多様性です。

タスクの一体性とは、仕事全体の中で自分がどんな役割を担えているのかが、ちゃんと見えているということです。仕事によっては、自分が歯車の一つのようで、何をやっているのかよくわからないという状況ってありますよね。しかし、自分は製品のこの部分を担っていて、工夫すればサービスや品質の向上、顧客の満足につながるといったことが意識されていれば、つまり可視化されていれば、職務の全体像が明らかになっているわけです。当然モチベーションは上がります。

また、タスクの重要性とは、文字どおり、その仕事がどれだけ大事なのか、その価値をわかっているということです。

そして自律性は、何度か触れてきた裁量権やコントロール度などのことであり、フィードバックは、職務の遂行がそれなりに評価されて承認されているということです。職場において従業員が大きく影響を受けるのは、上司からのフィードバックです。また、フィードバックには、他者からだけでなく自分からの承認もあります。このことについては第6章でお話しします。

自律性とフィードバックは特に大切

五つの職務特性はどれも、モチベーションにとって大事な要素です。しかしその中でも、決定的に欠落してしまうと、モチベーションがゼロになってしまうものがあります。どれだかわかりますか。

次ページの計算式をごらんください。

MPSとは、モチベーション・ポテンシャル・スコアの略で、「個人が職務に抱く潜在的動機づけを表す指標」です。スキル多様性、タスク一体性、タスク重要性は、どれかが欠落してゼロになっても計算はできますから、MPSは成り立ちます。

では、自律性かフィードバックがゼロになるとどうでしょう。ゼロを掛けることになりますから、答えはゼロです。つまり、自律性かフィードバックがほんのちょっとでも残っ

MPS（Motivaon Potential Score）
個人が職場に抱く潜在的動機づけを表す指標

$$MPS = \frac{\text{スキル多様性} + \text{タスク一体性} + \text{タスク重要性}}{3} \times \text{自律性} \times \text{フィードバック}$$

ていないと、モチベーションはなくなってしまうのです。つまり、この二つは決して欠落してはいけない必須要因ということになります。

ですから、上司の「つべこべいわずにいわれたことだけやればいい」という態度も、部下に対して評価もせずに叱責ばかりする対応もだめなのです。自律性、フィードバックをゼロにしてしまうからです。

これが「部下のモチベーションがゼロになる法則」と呼ばれるものです。

カウンセリングに携わってきて思うのは、心が折れやすい職場というのは、自由度がなかったり、適切なフィードバックがなかったりというケースが、圧倒的に多いということです。自律性もフィードバックも得られていて不調になっているという方はめったにいません。職務特性の中でも、自律性とフィードバックは、重みがちがうことを感じています。

もうこれ以上頑張れない！バーンアウトの道のり

モチベーションが下がり続けるとどうなるか

バーンアウトとは、職務へのモチベーションが燃え尽きてしまうことをいいます。**モチベーションがずっと下がり続けて燃え尽きてしまうと、行き着く先は、体が壊れるか精神が壊れるか、会社を辞めるか、ということになってしまいます。**

実際には、モチベーションはちょっとしたことで上がったりもするので、それでどうにか維持できているという人が多いのです。しかし、上がることも止まることもなく、ただただ下がり続けてしまえば、バーンアウトし、不調か離職かに追い込まれてしまうのです。

では、どうして下がり続けてしまうのでしょう。

基本的には職場への適応の問題があります。職場適応については、「職場に適応状態であればワークエンゲージメント状態になりやすく、職場に不適応状態であればバーンアウトに近づいていく」ということがいえます。ワークエンゲージメントについては前章でも触れましたが、職務に没頭できていたり、積極的に関与できている状態のことです。

なぜ職場適応と職場不適応に分かれてしまうのでしょうか。

そのカギは、成功体験にあります。成功体験が多ければ適応状態になりやすく、成功体験が少なければ不適応状態になりやすいのです。そうであるならば、成功体験を多くするよう意識的に心がけなくてはいけないということになるわけです。

しかし、ただ多ければいいというものでもありませんし、失敗してはいけないということでもありません。失敗してもそれを学びに変え、同じような失敗を繰り返さなければ、そこから成功体験は増えていくからです。大切なのは、そのような対処をとるかどうかというところにあります。このことを「コーピング」（ストレス対処行動）といいます。

コーピングにはさまざまな方法がありますが、問題が起こったときに、詳しい人に相談したり、自分で幾つか案を出してみて優先順位を考えてみるという方法などがあげられます。

また、つらくなってもうだめだという気持ちを他者に話し、一回リセットして、やる気を起こしていくという方法もあります。あるいは、失敗したときに落ち込んだままで終わりにせず、考え方を変え、〈次は成功するぞ〉と自分にいい聞かせるという方法も効果的です。これらを認知的なアプローチといいます。

いずれにせよ必須なのは「相談する」ということ。一人だけで完結できる仕事というのは、会社の中ではほぼないでしょう。ですので、一人で抱え込まず、だれかに相談してください。相談相手は、親身に話を聞いてくれる傾聴の姿勢があって、相手を思いやれる特性を持った人がいちばんいいですね。しかし、現実には、気軽に聞けないとか、みんな忙しいから遠慮してしまうといった、相談をしにくい環境というものもあるわけです。それはまた別なアプローチで乗り越える必要があります。

問題が起きても、意味あるコーピングを何もしなかったり、あるいはそのまま見過ごしてしまう人がいます。それが「対処の失敗」です。これが積み重なると、その人は不適応

バーンアウトはこうして起きる！

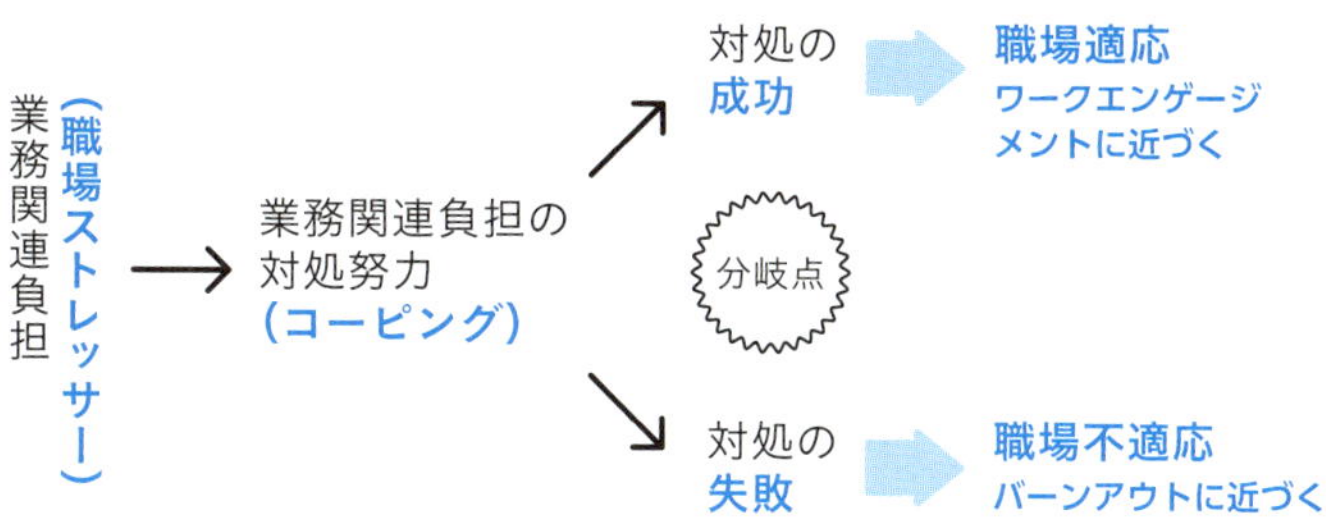

に向かい、バーンアウトに近づいていってしまうのです。

ここまでの流れを上の図に示しましたので参照ください。

ではここで、みなさんにやっていただきたいことがあります。

「今自分は、ワークエンゲージメントに近いエリアにいるのか、バーンアウトに近いエリアにいるのか」を考えてほしいのです。

万が一バーンアウトに近いということであれば、不適応状態にいるわけです。ならば、成功体験はどうだったか、失敗経験はどうだったかを思い出して、そのうえで、成功体験が多くなるように工夫する、つまりコーピングという努力をしていただきたいのです。

こんな環境だから、こんな上司だから、こんな同僚だから、こんな顧客だから、〈私はやりようがないんだ〉と思った瞬間に、ほんとうにやりようがなくなってしまうのです。それでは職場不適応の道を進むしかなくなります。

しかしコーピングをすれば状況を変えることができますから、努力のしがいがいくらでもあるのです。 職場不適応に進んでしまっている今の道のりを、自分の力でいい方向へ向けることができる、そういうふうに思ってほしいですね。

問題に対してどう対処するか？

コーピングの重要さがおわかりいただけましたでしょうか。

そのためにも、**問題に対して自分がどのようなコーピングをとっているかを、常に振り返るよう心がけてください。** もしも失敗（体験）が多いのであれば、それは自分の知識や技術、スキルが伴っていないからなのか、ならばそれを上げるためには何が必要なのか、あるいはサポートが不十分なのか、アドバイスをもっともらうべきなのか……。具体的に今の業務と照らし合わせてください。そのうえで、よりよいコーピングを考えて実践していってほしいのです。

一〇の問題を乗り越えなければならないとしましょう。成功と失敗が五つずつになりそうだという人は、きわどい位置にいますよね。しかし、だからといって、いきなり全部成功に変えようとするのは現実的ではありません。まずは成功が六とか七になるには何が必要なのかを考え、一つ、二つでも成功が増えるように努力する、ここが肝心です。

そういう努力を五年、一〇年と積み重ねていれば、圧倒的に成功体験が多くなるわけですから、職場適応は進んで、ワークエンゲージメント状態になりやすいということになります。

上司の四つのサポート

上司によるサポートについても触れておきましょう。

大きく四つあります。

一つは、問題に対して、こうしたほうがいいんじゃないか、ああしたほうがいいんじゃないかと、助言やアドバイスをして解決に導く、そういうサポートです。**これを「情報的**

なサポート」といいます。

次に「情緒的なサポート」というものもあります。これは、話をしっかり聞いてあげたり、慰めたり励ましたり、つまり、精神的に支えるということです。

また、実際に手助けするサポートもあります。仕事を引き取るとか、再分配し直すとか、あるいは、早くできるように効率的なやり方にしていくといったようにです。**これが「道具的なサポート」です。**

四つめは「評価的なサポート」です。仕事ぶりをきちんと評価し、ちゃんとフィードバックして自信につなげたり、やる気を起こさせたりすることです。

部下としては、この四つを包括的にサポートしてくれる上司に相談できるのが最も望ましいわけです。しかし上司というものは往々にして、自分の得意としているサポートだけをする傾向があります。つまり、アドバイス上手な人はアドバイスしかせず、情報的なサポートに偏るわけです。

すると、あれはどうなった、これはどうなったに始まり、

「原因はなんなんだ？　それに対してあなたは何に着手したのか？　メンバーとの合意形成はどうなってる？　お客さんとの関係はどうなってる？」

と、一気に情報収集をして、

「こうやりなさい」

と指示をするのです。でも常にそうしたサポートだけでは、もう限界だと思っている部下は、さらに仕事を命じられて負荷をかけられるわけですから、心が折れてしまいます。

また、問題を解決するコンサルテーションをまるでしないで、

「ああ大変だねえ」

といった情緒的なサポートだけの上司であれば、問題はいつまでたっても解決しません。部下がほんとうに仕事を引き取ってほしいと願っていたら、追い詰められてしまうでしょう。

上司のサポートは、部下のモチベーションを左右します。ですから、この四つのサポートを、問題に応じて優先順位を決め、部下にうまく行うことこそ、上司の手腕なのです。それはつまり、そういうスキルを理解して、包括的なサポートをしっかりできるような上司になってほしいということでもあるのです。

CHAPTER

4

モチベーションを上げる職場・下げる職場

仕事の満足感とプライベートの満足感は連動している

職務満足感が低いとモチベーションも低い

第2章で、モチベーション（＝動機づけ）の影響要因には、目標・認知・感情の三つがあるとお話ししました。この項では、感情について理解を深めておきたいと思います。モチベーションにかかわる感情とはどのようなものでしょう。

職務満足感という観点から見ていくことにしましょう。

職務満足感とは、「仕事を通して、自己の欲求が満たされる肯定的な感情」です。つまり、「仕事が楽しい」「仕事するのがうれしい」「仕事にやりがいがある」と感じることです。モチベーションが上がっていることはわかりますよね。ですから、**モチベーションを上げる**

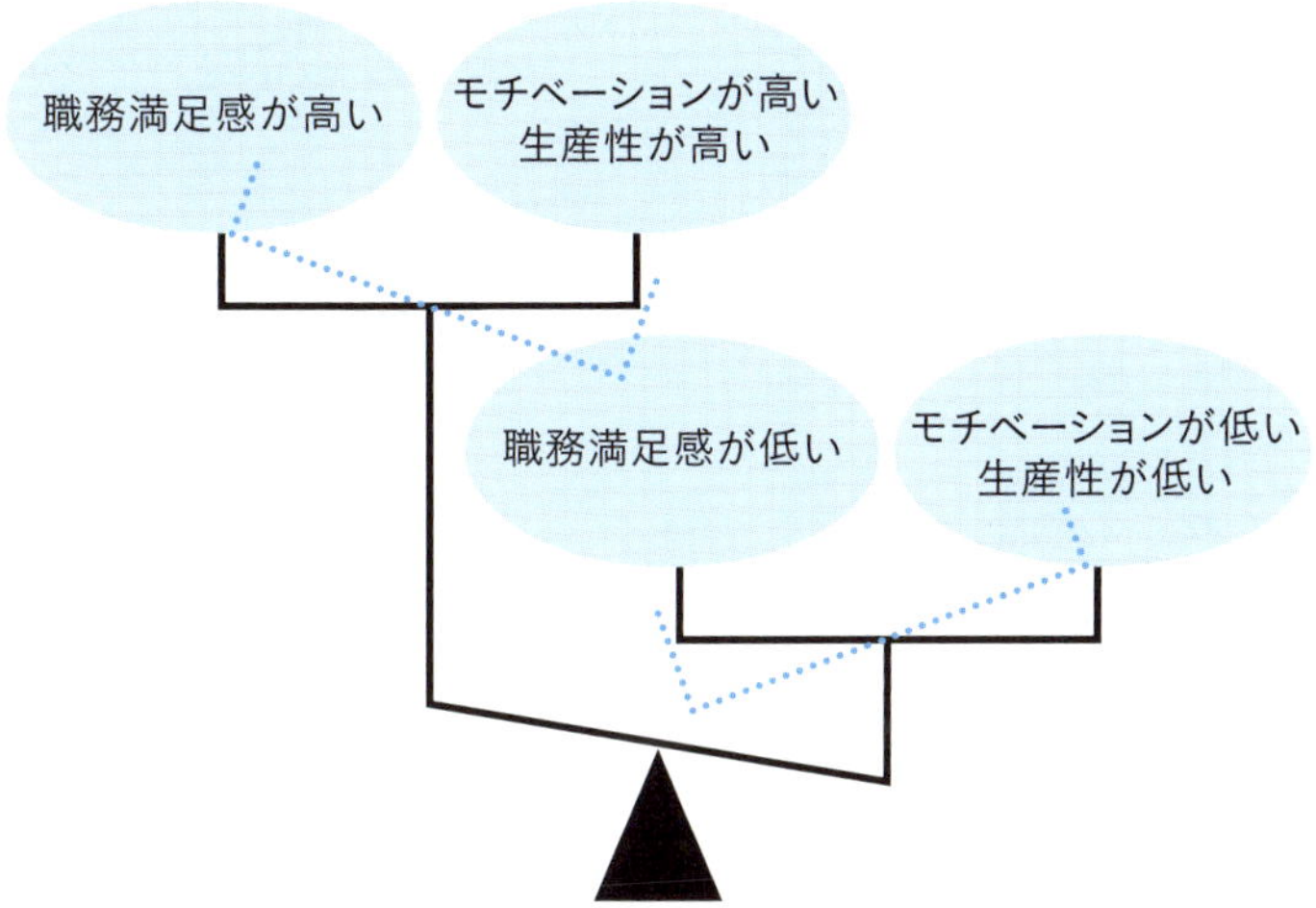

には、職務満足感を高めればいいということになります。

だからといって、仕事や職場に限定してアプローチしていけばいいのかというと、必ずしもそうではありません。

上のシーソーの図をごらんください。

一般的に、**職務満足感が高ければモチベーションも生産性も高く、職務満足感が低ければモチベーションも生産性も低くなります。**シーソーの左側、右側ですね。ここで注意したいのは、左側、右側それぞれ自体もシーソーになっているということです。つまり、職務満足感が高くてもモチベーションは低い人もいるし、職務満足感が低くてもモチベーションが高い人もいるのです。

それでは、職務満足感を高く維持したまま、モチベーションと生産性が揺らがないようにするには、あるいは、さらにもっと上げるには、何が必要になってくるのでしょう。

それが**「プライベートの充実」です。**つまり、幸福を感じることができる家庭がある、没頭できる趣味やスポーツなどを持っているということです。充実感が得られる世界を職場の外に持っている人は、職務満足感も高い傾向にあることははっきりしています。

もちろん、「家では孤独感を感じるけれど、仕事には没頭できています」という人や、逆に、「仕事はうまくいっていないけれども、家庭に帰れば幸せを感じます」という人もいるでしょう。

仕事一辺倒ではモチベーションが下がる

上司がプライベートの重要性をよく理解していないと何が起きるでしょう。

古い価値観に縛られている上司なら、こういうでしょう。

「おまえ、今のこの仕事、どれだけ大事かわかってるんだろうな。家族が家庭がといってるけど、こんな状況で休めると思っているのか」

まさに仕事一辺倒の価値観です。このように上司が部下に家庭や大好きなことを犠牲にすることを強いると、職務満足感に悪影響を及ぼし、連動してモチベーションを下げる傾向を強めてしまいます。もったいないことです。

高度経済成長期の日本では、がむしゃらに、ある程度家族を犠牲にしながら働いても、その先には明るい未来がありました。明るい未来とは、会社が発展し、存続し、業績も給料も右肩上がりで、定年までずっと働けるということです。それをだれも疑わなかった時代でした。

しかしその価値観はもう通用しません。未来永劫ずっと右肩上がりで給料が上がっていくような年功序列の賃金体系もなければ、終身雇用制も崩壊しています。成果主義が台頭し、一つのコンプライアンス違反で会社の存続が危うくなる、そんな時代です。そのことを上司が心得ていないと、部下を追い詰めてしまうことになります。

部下のプライベートをないがしろにしないことは、もはや上司に必須の心構えです。むしろそれ以上に、部下のプライベートを尊重し、その充実を図れるよう、積極的に対応してほしいのです。

「今まで残業続きで大変だったね。ヤマは越えたようだから、できるだけ家族で一緒にいる時間をとってください」

このような配慮があれば、部下のモチベーションは上がらないはずはありません。これがこれからの時代に求められる上司像の一つだと思うのです。

そもそも、だれかが犠牲になるような収益のあり方、ビジネスは、もはや限界です。かかわる人がだれ一人として犠牲になってはならないと私は思っています。社員とその家族はもちろんのこと、投資家も、消費者も、だれ一人としてです。

企業が目先の業績だけを追求すれば、安全・安心を損なう製品を出荷したり、リコール隠しやデータ改ざんにつながるでしょう。投資家をだまそうとすれば粉飾決算をするでしょうし、社員は二の次と考えれば、不調者が続出しても対策をとらず、自殺者が出るような悲劇を生むのでしょう。これが、人を犠牲にするビジネスです。

企業に今問われているのは、「何を大切にしている会社なのか」ということです。その「何」とは、私は人のほかにはないと思っています。ですから企業のトップは、それを理念の中にしっかりと組み込んで、全従業員に徹底してほしいのです。この観点をおろそかにすると、これからの時代に淘汰されてしまう会社になるのではないかと思うのです。

モチベーションが上がらないものにはエネルギーを注がない

衛生要因は個人の努力ではどうにもならない

モチベーションが上がる要因に主に焦点を当ててきましたが、下がる要因についても、ここで押さえておきましょう。アメリカの心理学者ハーズバーグの動機づけ・衛生理論というものがあります。

モチベーションとは動機づけです。モチベーションが上がる要因を「動機づけ要因」といいます。動機づけ要因は、給与や地位といった外発的なものより、内発的なもののほうが強いということを述べました。内発的とは、仕事そのものが好きとか、責任を果たせたらやりがいを感じるとか、つまり、その人の内側から起こるものですね。ですから、動機づけ要因という言葉は、基本的にはモチベーションが〝上がる要因〟に関して使います。〝下がる要因〟には使いません。**下がる要因は、「衛生要因」といいます。「職務不満足感をもたらす要因」と言い換えてもいいでしょう。**

どのようなことが衛生要因となりうるのでしょう。

まずは、会社の政策や経営があります。具体的には、経営方針や事業計画、事業戦略などです。ほかには監督技術、つまり、上司によるマネジメント、さらには給与、対人関係、作業条件などがあげられます。

ということは、**内発的な動機づけ要因は個人にかかわることであり、衛生要因は環境にかかわることである、という見方ができます。**それは、個人の努力しだいで「なんとかなること」と「どうにもならないこと・なりにくいこと」というふうにもいえます。

例えば、〈うちの会社の経営方針、ちょっとちがうんじゃないかな〉〈事業計画を変えたほうがいいんじゃないか〉と思って、それを社長に具申したとします。社長はすぐに受け入れてくれるでしょうか。まず無理でしょう。あるいは、〈モチベーションが上がるから給料を倍にしてほしい〉〈監督技術が悪い上司を代えてほしい〉と訴えても、簡単には受け入れてもらえないでしょう。

つまり、衛生要因というのは、個人がどうにかできるものは、ほぼないのです。

しかし、意識はどうしても、会社が悪い、給料が低い、上司がだめと、衛生要因に向きがちです。意識が向くというのは、エネルギーを注いでいるということです。どうにもならない、なりにくいことにエネルギーを費やすのは、モチベーションの観点からすれば、無駄なことです。

ならば、環境の側である会社、経営側としてはどう対応すればいいのでしょう。

基本は衛生要因という「重し」を取り除くことです。そのためには、洗練された経営方針を考え、それにのっとった事業戦略なり事業計画を立てるということを、本気になってやっていく必要があります。

研修などを通じて質の高いマネジメントができる上司を育てたり、評価をできるかぎり給料に反映することも大切です。

しかし残念ながら、景気がよくなっているにもかかわらず、利益は内部留保されてしまっています。もう少し社員に還元してほしいと思います。

キャリア形成とモチベーションはつながっている

キャリアの棚卸《たなおろし》をする

キャリア形成（職業能力の形成）がしっかりできている人もいれば、そうでない人もいます。また、キャリアというものをほとんど意識していない人もいます。まさに人それぞれなのですが、じつは幾つもの調査から、**「キャリア形成の遅れがストレス源となって、モチベーションに影響する」ことが明らかになっているのです。**

したがって、キャリア形成について深く考える必要があります。

左ページのチェックシートをごらんください。ここでみなさんに、□の項目を、○△×でチェックしていただきたいと思います。なお、項目中のキャリア・アンカーとは「キャ

キャリア形成	解決すべき課題や問題	個人的欲求
初期段階 **20代前半**	□キャリア・アンカーの発見、ビジョンの形成 □能力形成、生活設計 □社会人としての自覚、メンターとの出会い	□社会人としての基礎作り
中期段階 **20代半ば〜30代半ば**	□組織内でのポジションの確保 □発展分野の開拓 □キャリアの自己評価	□自律(立)性の確保 □社会的承認
後期段階 **30代半ば〜40代半ば**	□さらなるキャリア開発 □私生活の充実と仕事とのバランス □生活全般の再設計	□自尊欲求 □自己実現欲求
最終期 **40代半ば以降**	□定年後の人生設計 □老後に向けてのワークライフバランス	□社会的な貢献

リアを選択する際に最も大切な価値観や欲求」のこと。メンターは「仕事上の指導者や助言者」のことです。キャリア・アンカーについては、第5章で詳しく解説します。

まずは、自身の年齢から、自分が今キャリア形成のどの段階にいるのか、つまり、どのステージで働いているのかを見てください。

すると、そのステージに応じた、クリアしなければいけない課題や問題があります。それに着手しているなら○を、まだ不十分なら△を、まったく着手していなかったり、考えていない場合は×をつけてください。じつは、どこまで着手できているかということが、とても大事な視点なのです。

次に個人的な欲求に進んで、それが得られているかどうかも、○△×でチェックしてください。

それができたら、今度はステージを一つ下げて、同様にチェックしてください。後期段階にいる人なら中期段階を、中期段階の人なら初期段階をチェックします。現在の年齢より下のステージですから、課題や問題はどれも着手できていることが望ましいのですが、不十分だったり未着手なものも、やはり出てくるでしょう。これを「キャリア形成の積み残し」といいます。じつは、**積み残しがあればあるほど、モチベーションの足を引っ張って**

しまうのです。

こうして、さらにまた一つステージを下げて、つまりは、これまでのキャリアの棚卸をして、積み残しがどれだけあるのかを把握してください。

そして最後にはできれば上のステージも見ていただき、そこにはどのような課題や問題があるのかも知っておいてほしいのです。もしもすでに着手しているものがあれば、それが余裕になります。余裕は自分の強みになるでしょう。

キャリア形成の積み残しに気づけば、チャンスに変わる

ということで、ご自分のすべてのステージをチェックいただいたことになるわけですが、結果はいかがでしたでしょうか。

○が多いという方は、キャリア形成が進んでいる可能性が高いということになります。それが意識的ではなく、結果としてそうなっていたとしても問題はありません。

また、ほぼ全部○という方も中にはおられるかもしれません。その方は余裕があるわけですから、もっと上を目指せばいいのです。そうすることで、さらにモチベーションをコ

ントロールできるようになります。

では、△や×が目立つという場合は、どう考えればいいのでしょう。少し落ち込んでしまいそうですね。

でもじつは、これはチャンスなんです。**未着手なものがあるということは、着手すれば今までよりも働きやすくなったり、働きがいが得られたり、あるいは周りからもっと支援が得られる可能性が高まることになるからです。**落胆する必要はありません。チャンスと気づいた瞬間から、モチベーションは上がっていきます。

つまり、このチェックシートで何を得ていただきたいかというと、「◯がいっぱいあったからよかった」でも、「×や△がいっぱいあってがっかりした」でもありません。未着手なものに気づいて、着手できそうなものがあるかどうかを見いだしていく、そういう視点なのです。

カウンセリングをしていて感じるのは、不調になっている方というのは、キャリア形成の積み残しが多いということです。また、このチェックシートを体験された中高年の方の多くが「新入社員のころにやりたかった」と話します。

このチェックシートの意味を理解して、キャリア形成にぜひ生かしてほしいと思います。

職場のストレス源を知る

自分の今のストレッサーは？

この項では、モチベーションを下げる職場のストレスについて考えてみたいと思います。ストレスを引き起こす刺激要因をストレッサーといいます。

職場のストレッサーにはどのようなものがあるのでしょう。

それは多岐にわたります。職場環境、役割上の葛藤や不明確さ、人間関係、対人責任性、仕事のコントロール、仕事の量的負荷、仕事の将来性への不安、仕事の要求に対する認識、不十分な技術活用など、幾つもあげられます。

そうしたストレッサーとどう向き合えばいいかということですが、まずは、どういうストレッサーが今の自分には強そうだとか、このストレッサーはまだ弱いとか、それほどでもないとか、そういう見方をしていただきたいのです。

簡単に〈仕事がつらい〉と片づけてしまうと、何がモチベーションを下げているストレッサーなのか、あいまいになってしまいます。できるだけ具体的に、細かく見ていくことが大切です。

ストレッサーを受けると、急性のストレス反応というものが起こります。これは、心理的・身体的反応や行動的な変化のことです。

そしてさらにストレッサーを受け続けると、個々人のストレス耐性の限界を超えてしまい、病気になってしまいます。症状が体に現れるのが心身症、精神に現れるのが心の病、精神疾患です。

急性のストレス反応の初期は、頭が痛くなったり、おなかが痛くなったり、じんましんが出たりなど、体に症状が現れやすい傾向があります。もちろん、落ち込んで気が重くなったり、やる気が起きなくなるといったように、精神面にまず現れる人もいます。つまり人それぞれなのですが、悪化すればだれでも、体と心の両方に症状が現れやすくなります。

以上が、左の図の横軸の流れです。

NIOSH職業性ストレスモデル

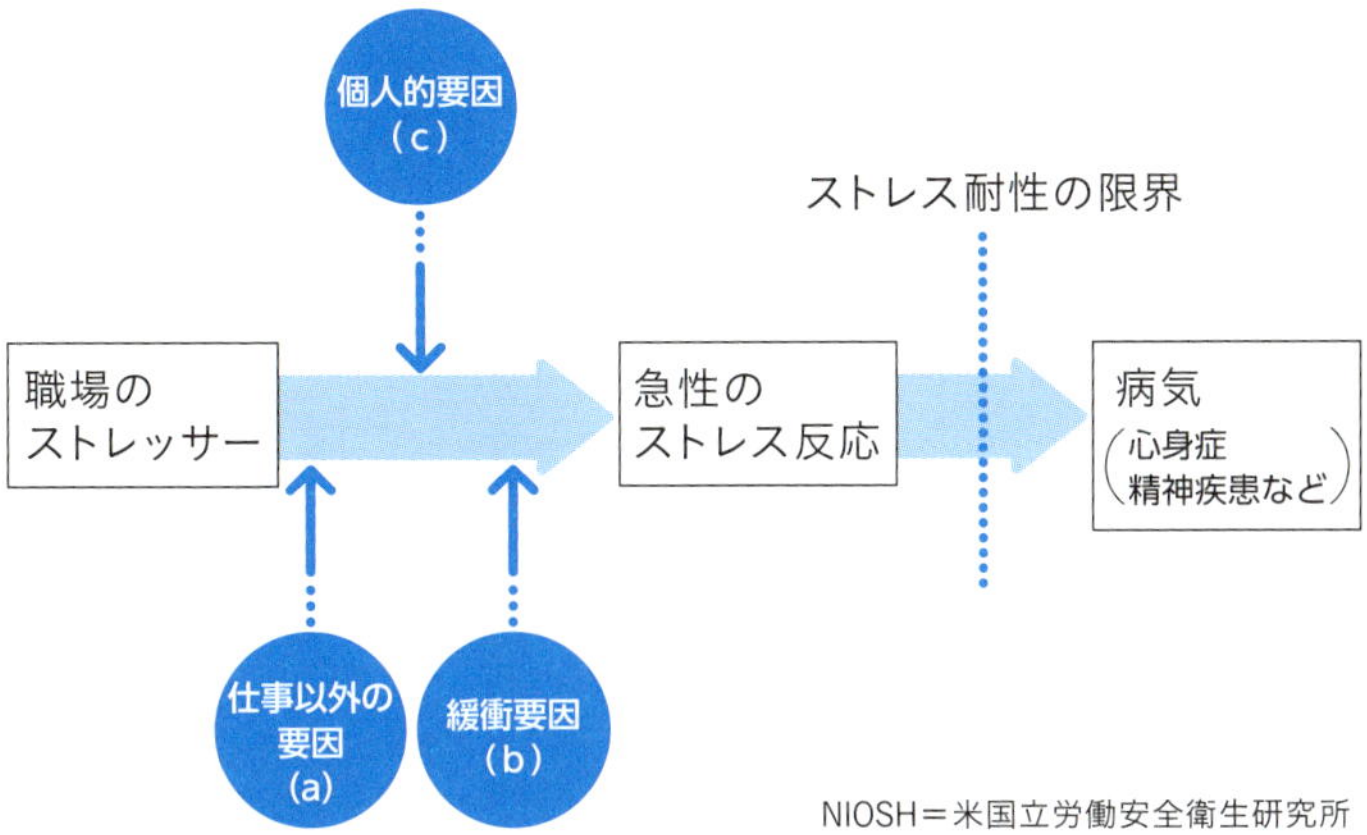

NIOSH＝米国立労働安全衛生研究所

ソーシャルサポートは不可欠

ここで知っておいていただきたいのは、この横軸に対して影響を与える要因が三つあるということです。**それが、仕事以外の要因、緩衝要因、個人的要因です。**

仕事以外の要因とは、家庭の問題や、プライベートが充実していないとか、忙しくて好きな趣味ができないといったことです。それが図の(a)です。これが職場のストレッサーと重なってしまうと、大きな負荷がかかって、モチベーションを下げてしまいます。

では、ストレスを軽減してくれる効果を持つものはないのかというと、それが(b)の緩衝《かんしょう》要因です。

ここでの緩衝要因とは、上司や同僚、部下、あるいは家族や友人らから得られる支援のことです。これをソーシャルサポートともいいます。**ソーシャルサポートが得られていれば、緩衝要因が機能しているということですから、ストレスの軽減につながります。**

逆にいえば、ソーシャルサポートがまったく得られないと、何も軽減効果はないわけですから、負荷だけがかかってしまうことになります。ですから、ソーシャルサポートは必須といっていいぐらい、とても重要なものなのです。

もう一つ影響してくるのが、(c)の個人的要因です。これには、年齢、性別、性格、行動パターン、ストレス耐性、あるいは起こったことをどのように受け取るかという認知など、さまざまなものがあります。では、個人的な要因は、ストレスを軽減するのか、それともさらに負担になるのか、どちらでしょう。

じつは、両方の面があるのです。その人のストレス耐性が高ければ軽減効果に働きますが、ストレス耐性が低ければ少しのストレッサーも大きな負担と感じるでしょう。あるいは認知でも、悲観的に考えやすい人と、楽観的に考えられる人では、ストレッサーの受け止め方はずいぶんちがってきます。

自分でできるメンタル対策を実践する

自分の今のストレッサーを把握する

では、ストレスはモチベーションにどのように影響するのでしょう。
前項をおさらいすると、次のようになります。

【職場のストレッサーが強い場合】　モチベーション→マイナス
【仕事以外のストレッサーが強い場合】　モチベーション→マイナス
【緩衝要因が少ない場合】　モチベーション→マイナス
【ストレス耐性が低い場合】　モチベーション→マイナス

そして、ストレスを受け続ければ、モチベーションはどんどん下がって、病気に至ると、極限までマイナスということになります。

ストレスによる胃炎や胃潰瘍で苦しんでいるとき、〈こういうふうになりたいなあ〉〈成長していきたいなあ〉と考えられる人はいませんよね。〈ともかく今はこの痛さがなくなってほしい〉と願う意識しかないはずです。うつになって、それが悪化してどん底のような状態になっていれば、〈会社を辞めようか〉とか、最悪は〈死んでもいい〉となってしまいます。そこにはもはやモチベーションはありません。

ストレスで病気になってしまうと、元気な状態に戻るには医療の力に頼るしかありません。ですから、できればそこに至る前に医師やカウンセラーに相談したり、セラピーや心理教育を受けるなどして、悪化しないよう心がけることが大切です。

ではもっと前の段階、職場でストレスを感じているというレベルのとき、自分自身でできることはあるのでしょうか。

それがメンタルヘルス対策です。まず大切なのは、メンタルヘルスの知識を得るということです。知識がなければ意識は変わりません。意識が変わらなければ、改善していこうという意欲は起きません。意欲が起きるからこそ実践につながります。ですから、メンタルヘルスについて勉強したり、本書のようなモチベーションについて書かれたものを読んで理解を深めたり、あるいは研修を受けたりということが必要になってきます。

前項で触れたように、**自分の今のストレッサーを把握することも重要です。そして、どのようなストレス反応が出ているかに気づくようにしてください。**例えば、眠れない、食欲がないといった生理的・身体的な変化が現れていないか。会議で発言するのがつらい、遅刻や欠勤が多い、残業が多くなっているといった、行動の変化が起きていないか。あるいは、憂うつな気持ちがする、意欲が低下しているといった、心理的な変化を感じていないか。そういったことです。気づかなければ対処ができないのです。

そのほかにも、コーピングを心がける、緩衝要因を増やす、上司や同僚、家族や友人、医療関係者に相談する、人間関係を豊かにする、あるいは適切な休息、休養、睡眠をとる、運動習慣をつけるなど、メンタルヘルス対策はいろいろあります。

ストレス耐性は自分で高められる

メンタルヘルス対策を行うとストレス耐性は間違いなく上がります。

「ストレス耐性は性格的なものだから、何をやってもあまり変わらないのでは」

ストレス耐性は高めることができる

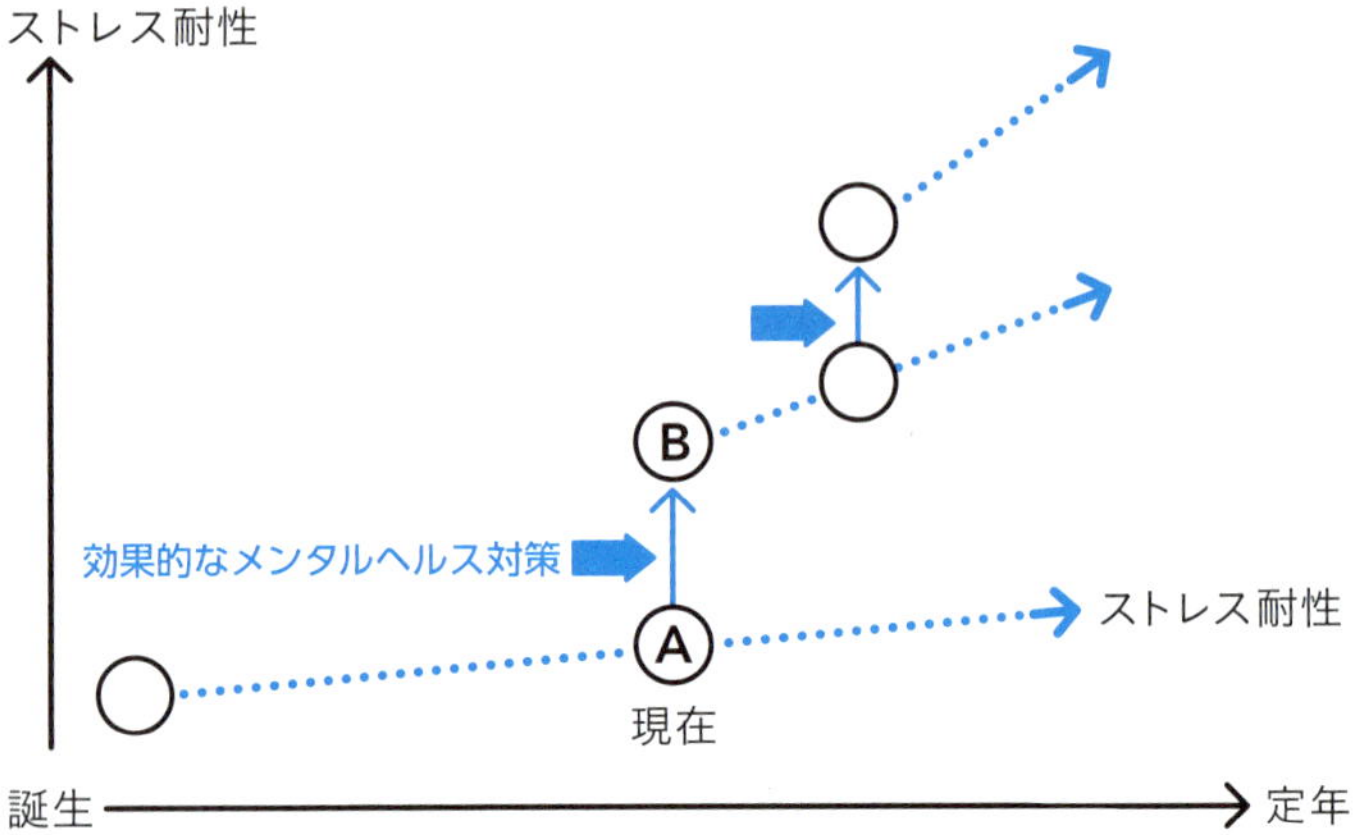

といわれることがありますが、そうではありません。**ストレス耐性は、基本的に生まれついて備わっているものではなく、高めようとすればいくらでも高められるものです。**

したがって、メンタルヘルス対策というものをどこまで理解し、知識を持ち、実践していこうとしているのか、あるいは実践できているのかが、大切なのです。

上の図で補足しましょう。

じつはストレス耐性は、図のように、基本的には年齢とともに少しずつ上がっていくものです。

というのは、その間に、さまざまな知識を身につけ、体験から学び、自分なりの知見を積み重ねていくからです。

老齢という観点まで入れると複雑になるので、ここでは、定年ぐらいまでを念頭に置いてお話しします。

今、図のA地点にいたとします。何もなければ、ストレス耐性は年齢とともに緩やかに上がっていきます。

しかし、メンタルヘルス対策を頑張って実践していくと、ストレス耐性を一気にB地点に高めることも可能なのです。

すると今度は、B地点を出発点として、年齢とともに少しずつストレス耐性は高まっていくわけです。途中でまたメンタルヘルス対策を頑張れば、さらにストレス耐性のアップを図ることもできるでしょう。

その結果、五年後、一〇年後、二〇年後に、きわめて高いストレス耐性を持ちうることになります。

つまり、ストレス耐性は、無限にといってよいほど、高めることができるものなのです。メンタルヘルス対策を適切に実践し続ければ、それが可能になります。それはまた、モチベーションをコントロールするということでもあります。

私の場合をお話ししましょう。

若いころの私は、通常のストレス耐性だったと思います。失敗すれば後悔し、それを引きずり、上司から叱責されれば傷ついて、何日もそのことを気にしていたごく普通の会社員でした。

しかし今の仕事を始めるようになって、ストレス耐性はメンタルヘルス対策しだいで極限まで高められることがわかり、ずっと実践し続けてきました。

じつはストレス耐性をアセスメントする調査票というものがあります。この診断を受けると、分布的には真ん中ぐらいの数値になる人が大多数です。これを私もやってみました。するとほんの数パーセントしか該当者がいない、きわめて高い数値が出たのです。それが一〇年前のことです。

そこからさらに充実させながらメンタルヘルス対策を実践し続けていますから、今はもっと高い数値になっているだろうと思います。

私のことで恐縮でしたが、だれでもストレス耐性を高められるということです。そしてそれは、ストレス耐性についてよく理解し、いかに効果的なメンタルヘルス対策を実践できるかどうかということに尽きるのです。

期待を背負っている喜びがモチベーションを高める

負担を感じないように感じる

モチベーションには、「他者期待」も重要です。自分が他者から期待されているということは、意欲につながります。つまり「背負うものがあるかどうか」ということなのですが、補足しなければなりません。というのは、背負っているものは、だれにもあるはずだからです。ですので、ややこしいいい方になりますが、「だれでも背負っているはずのものを、どのように感じているか、どう受け止めているか」ということになります。

私たちは、今日まで育ててくれた親の思いを背負っています。家庭を持っているのであれば、家族を背負っています。会社なら、期待されているとか、部下がついてきてくれるとか、そういうものを背負っているでしょう。

大切なことは、その重みをどの程度に感じているかということです。**モチベーションとの関係からいうと、重みを感じていることが少ない人よりも、重みを強く感じている人ほどモチベーションは高まりやすいのです。**

ただし、負担感を感じるようだとプレッシャーになってしまいます。なので、「負担を感じないように感じる」ということが必要なのです。そういうものを背負っている喜びとして感じるということです。ということは、感謝の気持ちが起こりやすいか、そうではないかということにも通じてきます。背負っていることの負担感が強い人は、重みを「重し」と感じて、感謝の気持ちが起こりにくく、一方、重みが「喜び」になる人は、感謝の気持ちが起こりやすいということがいえます。

例をあげてみましょう。スポーツ選手で、トップに行けずに低迷している人は、感謝よりも不平不満をこぼすことが多いと聞きました。〈なんで監督は自分を起用してくれないのか〉〈もっと高いレベルのコーチングをしてくれればいいのに〉〈スポンサーが援助してくれれば、海外遠征に行けるのに〉〈いい成績が出ずに落ち込んでいるのに、どうして家族や友人は支えてくれないのか〉といったようにです。

では、オリンピックでメダルをとっている人はどうでしょう。インタビューを聞いていると、支えてきてくれた監督やコーチ、メンバー、そして両親や子どもたち、あるいは親友らへの、感謝の言葉しか出てこないですよね。

もちろん、ニワトリが先か卵が先かで、「メダルをとれたからだろう」という見方もできるでしょう。それを否定はしませんが、高い目標を達成できている人というのは、背負っていることを喜びと感じる意識、感謝の気持ちがある人なのだろうと思うのです。だからこそ、夢をかなえる高いモチベーションが得られているのではないでしょうか。

感謝を感じながら生きる

研修で他者期待について説明すると、特に五〇代、六〇代の管理職の方などから、

「私は背負うものはないのですが」

といわれることがあります。

「いや、あるでしょう」

「ありません。結婚もしなかったので、妻も子もいません。両親はもう亡くなっていて、兄

弟もいないし、親戚づきあいもありません。一人で人生を過ごしているから、背負うものは何もないのです」

こんなとき私は、フィギュアスケートの浅田真央さんのことを話すことがあります。ご存じの方も多いと思いますが、真央さんが現役時代、お母さんがどれだけ彼女を支え、見守っていたことか。そのお母さんが、二〇一一年のグランプリファイナルの開幕直前に急逝しました。では、真央さんは背負っているものはなくなったのかというと、そんなことはないですよね。スケート人生を一緒に歩んできてくれたお母さんに、それまで以上に感謝の気持ちを持って頑張ろうと思ったはずです。

背負っている重みを感じるとは、つまりはそういうことなのです。

社会の中で、ちゃんと貢献できるような生活をしてほしいという父母の期待は、亡くなったからといって消えるものではありません。歴代の上司の期待も、信頼してくれている部下の期待も同じです。**そういった他者期待の重みをどのように感じているのか、感謝として思うことができるのか、これはとても重要なことだと思うのです。**

アテネオリンピックで男子体操のキャプテンだった米田《よねだ》巧《いさお》さんと、ある合宿で一緒になったことがあります。米田さんと話していて感じたのは、夢をかなえている人というのは感謝のかたまりなんだなということでした。だからこそ周囲も支援してあげたいとか、協力してあげたいという気持ちになるのでしょう。人生を、「自分だけで頑張ってきたんだ」と周りへの感謝を感じずに生きるのか、「ありがとう」と感謝を感じながら生きるのか、このちがいはとても大きいように思うのです。みなさんはどう思われますか。

今の自分のモチベーションの状況を把握する

モチベーションを上げる要因・下げる要因を書き出す

ここまでで、モチベーションとはどういうものなのか、だいたいの感じはつかんでいただけたのではないかと思います。

ですので、ここでみなさんに、自分の現在のモチベーションの状況を把握していただこうと思います。左ページのシート（＊お持ちのノートでもかまいません）を参考に、自身にとってのモチベーションを「上げる要因」「下げる要因」を、思い浮かぶままでかまいませんので、どんどん書き出してみてください。

どのような観点で考えていけばいいかということですが、**まずは仕事についてです。今の仕事が好きか、達成感や満足感はどうか、やりがいはあるか、自分の成長につながっているかといった、そういう観点です。**考えているうちに、上げる要因は少しずつ見えてくるはずです。

人間関係も重要です。上司は相談に乗ってくれるか、先輩はサポートしてくれるか、仲間は協力してくれるか、コミュニケーションはとれているか、そういった観点からも考えてください。

そしてもう一つ、大切な観点があります。それは、自分の夢や人生の目標、なりたい・ありたい自分像といった、個人的な領域です。

このことについては第5章で触れていきますが、例えば、自分は仕事の価値観が創造できている状態にあるのかどうかを考えてみてください。あるいは、自分のキャリアや将来

上げる要因	下げる要因

のビジョンと照らし合わせ、どこまで自分の理解が進んでいて、どのような段階にいて、どこを目指しているかといったことも考えてみるのもいいでしょう。

そして目標達成志向の側面だけではなく、趣味や好きなこと、スポーツ、また家族のことにまで領域を広げ、それを今どこまで楽しめていて、幸せが感じられているかも考えてください。

下げる要因も見つめてみる

下げる要因についても、同様にして作業を進めてください。上げる要因と下げる要因は関連しています。これがあれば上がるけど、これがなければ下がるという要因もあるわけですが、でもあまり気にしないで書き出してください。給料が安い、資格の勉強をする時間がない、上司とうまくいっていない、同僚とコミュニケーションがとりにくいといったように、いろいろと出てくるはずです。

書き込みが済んだら、できればですが、もう一回改めて考えて、自己分析がなされているか確認するといいですね。

そして最後に、書き出したモチベーションを上げる要因・下げる要因の中で、特に強いと思うものを三つぐらいずつ、○をつけてください。

いちばん強いものには◎をつけるとほぼパーフェクトです。それだけ自身の状態がよく理解できているということだからです。

この作業を行うことで、自分のモチベーションが今どういう状態なのかを、感覚的に把握しやすくなります。ですから、定期的に、あるいは、仕事や職場、上司、役割が変わったりなど、環境が大きく変化したときに、この作業をやっていただきたいのです。

そして変化した状況で、新たにどのような上がる要因が付加されているか、下がる要因が発生しているか、それを見つめてほしいのです。そのときのために、現在のモチベーションの状態をしっかりと確認しておきましょう。

CHAPTER

5

究極のモチベーションの作り方

ベストキャリア――マッチングを図る

自分の希望と会社の要請はうまく合っているか

ここまでの章で、モチベーションとは何か、モチベーションを上げる要因・下げる要因は何かということなどを理解していただき、自分の今のモチベーションの状態を把握していただきました。そのうえで本章では、**モチベーションをコントロールする土台作りについて考え、究極のモチベーションにどうつなげていったらいいのかを見ていくことにします。**

まずはベストキャリアからです。こんな仕事をやってみたい、こんなことに挑戦したいといった興味、関心、情熱はだれもが持っていると思います。一方で、こういう仕事をしてほしい、こんな形で働いてほしいといった、会社側の要請があります。この双方がぴったり重なり合うのが、ベストキャリアです。しかし現実には、多少ずれていることがほとんどで、完全に離れてしまっていることもあります。

現在の人事制度の多くは、社員を駒のように扱っているように感じます。しかし本来は、会社はできるかぎり社員の希望に近づく努力をし、そのうえで社員も会社に近づく努力をするのがベストです。**適材適所の考えがそうですね。適性や能力を見て配属を決めていくわけですから、社員のモチベーションを上げるのにはとても効果があります。**

マッチングを図るべく、自己申告制度（社員が将来やりたい職務希望などを自己申告し、異動などの参考情報にする制度）、社内フリーエージェント制度（社員が自分の能力や実績を希望部署に売りこみ、異動可能にする制度）といった仕組みを導入する企業も出てきていいます。しかしまだまだ少ないといえます。

よりよいマッチングを常に意識する

マッチングの面で、社員のほうから会社に近づくアプローチとしては、どのようなことが考えられるでしょう。

いちばんには、希望に添わない部署に配属されても、適応できるようできるかぎり努力するということがあげられます。

その部署で知識を得て、経験を積み、資格を取るなどして、スキルを高めていけばいいのです。

前ページで述べた自己申告制度などを利用して積極的にアピールする方法もあります。そうした制度がなければ、上司に異動の希望を伝え続けるという方法もありますが、簡単には受け入れてもらえないでしょう。しかし黙っているよりも表明したほうが、道を切り開く可能性はありそうです。

私も若いころ、異動を直訴した経験があります。

外資系コンピュータ会社でＩＴ開発に携わっていたのですが、マネジメントをやりたいと思い、嫌いな直属上司を跳び越して、もっと上の人に直接お願いしたのです。これはビジネス的にはタブーですよね。

するとその人は「いいよ、やらせてあげよう」と答えてくれたのですが、続けてこういいました。

「マネジメントの仕事は、部下の話を聞いたり、他部署と折衝したり、リーダーシップを図ったり、コミュニケーションや人間関係の力が必要だ。その力は営業に行けば養われるから、おまえ、明日から営業に行け」

営業をやりたいなどとはさらさら思っていなかったので、私は大失敗しちゃったなと思いました。その時点で私と会社とのマッチングは離れてしまったわけですね。

でもそのあとでこう考えたんです。〈確かに今の自分には、指摘されたヒューマンスキル的なものは備わっていない。それは今マネジメントの仕事に就いても、すぐに備わるものでもないだろう。でも営業に行けば早く身につくかもしれない。身につけば、配属されたときに、質のいいマネジメントができるかもしれない〉。この瞬間にある程度マッチングされたのです。

〈営業なんてできないよ、嫌だなあ〉と思い続けていれば、〈つらい、大変、苦しい〉だけで終わったでしょう。マッチングを図れないまま、モチベーションも下がったままだったでしょう。

ですからみなさんにも、どうすればよりよいマッチングが図れるかを、常に意識していただきたいのです。

自分のキャリア・アンカーを明確にする

八つのカテゴリーのどこに当てはまるかをチェックする

次に考えたいのが、一〇〇ページでも触れた、アメリカの心理学者シャインによる概念、キャリア・アンカーです。

アンカーとは錨《いかり》のこと。錨が下りていれば船は安定します。したがって**キャリア・アンカーとは「キャリアを選択する際に、最も大切なほかに譲れない価値観、欲求。個人が最後までそれを放棄したがらない、その人の核になるもの」ということができます。**

大事なことは、自分自身のキャリア・アンカーをどの程度理解できているかということです。それを見ていきたいと思います。

キャリア・アンカーを構成する要素には、大きく三つあります。「動機」「成果を生み出す力」「価値観」です。動機は、やりたいという気持ち、欲求。成果を生み出す力は、能力や技術、スキル。価値観は、何に価値を感じているかということです。この三つが複合的に組み合わさったものが、キャリア・アンカーです。

ここでみなさんに、一三三ページの表で、自分がどこに当てはまるかを調べていただきたいと思います。この表は、シャインによるキャリア・アンカーのカテゴリーで、どの職種の人でも、八つのうちのどれかに当てはまるように作られています。

複数に該当することがあると思いますが、多くて四つ、できれば二つか三つにとどめてください。終わったらその中から、これは絶対手放せないという一つに二重丸をつけてください。それが、現時点でのあなたのキャリア・アンカーとなります。

キャリア・アンカーの特徴を知る

それぞれの特徴を少し補足します。

「専門重視」は、つまり、プロフェッショナル志向ということです。その領域の専門性を高めるということに非常にやりがいを持ち、仕事での幸せを感じる人です。したがって多くは、ゼネラルマネジメントに携わりたいとは考えません。

「経営重視」は、マネジメント志向です。部下を持ち、一人一人の特性を束ねて、自分の部署や組織としての業績、成果を出していくことにやりがいを感じる人です。

「自律（立）重視」は、自分の枠組みで仕事をしていきたいと考えている人です。そのため、仕事のコントロール度や裁量権が重要になってきます。ですから、すべてが決められたとおりにしか動けなかったり、工夫の余地がなかったり、あるいは「つべこべいわず、いわれたことだけやれ」的な上司だと、苦痛でしょうがないということになります。

「安定重視」は、安定と安心を感じられる環境ならば、最大限努力し続けられたり、成果を出していける人です。ベンチャー企業でもまれたいということはあまり考えません。

「起業・創造重視」は、アントレプレナー（起業家）精神が備わっている人が多いように思います。今の仕事が将来役に立つと思えば、最大限努力し続けられるし、成果を出していけます。しかし独立できると思えば、会社を飛び出していく可能性があります。

「社会貢献重視」は、ＮＰＯ法人やＮＧＯなどで働いている人に割合多いかもしれません。一般企業なら、営業や技術の第一線で成果を出していきたいというより、社員のため

column

シャインの8つのキャリア・アンカー

□ 専門重視	その領域で自分の能力や技術を発揮し、自分の能力を活用することで自分らしさを明確にする。その領域で新たな挑戦をし、成長していくことを最も幸福と感じる。
□ 経営重視	異なる職能分野の力を結集し、その組織が生み出す成果に責任を負い、期待どおりの成果を上げたときに最も幸福を感じる。
□ 自律(立)重視	組織のルールや規制に縛られず、仕事の枠組みを自分で決め、仕事を自分のやり方で仕切って進めていく。
□ 安定重視	会社の雇用保証、職種や組織での終身雇用の権利などを望み、経済安定性と一定の地域で生活するなどの住居安定性を希望する。
□ 起業・創造重視	危険を冒してでも、障害を乗り越える能力と意欲を基に、会社や事業を興すもの。ビジネス、コンセプト、組織を創造することにより、社会に対して証明したいと考える。
□ 社会貢献重視	環境問題や国家間の調和、他者への援助など、社会的に何か価値のあることを成し遂げる仕事を追い求める。
□ チャレンジ重視	一見解決困難と思えるような問題の解決に取り組んだり、手ごわい相手に打ち勝ったり、難しい障害を乗り越えることにやりがいを感じる。
□ ライフスタイル重視	個人の欲求、家族の要望、自分のキャリアの要件などをバランスよく統合することを図ろうとするもの。

に働きたいとか、社員を育てたいといった人事や総務の仕事、人材開発をやってみたい、あるいはCSR（企業の社会的責任）に興味がある、そういう人になるでしょう。

「チャレンジ重視」は、困難を伴うことに対して最大限に燃えるという人です。ですから、新しい仕事をこの人に任せれば、すごい成果が期待できます。しかし、ルーチンワークの仕事に就くと、苦痛を感じたり、社内で埋もれてしまう心配があります。

「ライフスタイル重視」は、仕事の成功イコール人生の成功ではないと考えている人です。仕事も大事だけど、家族やプライベートも大切にしたいということです。これからの時代はどんどん増えていくでしょう。なので、「家庭や家族は二の次だ」という上司だと、理解が得られず、働きにくいかもしれません。

八つのキャリア・アンカーに、いい・悪いはない

仕事や役職が変わったり、上司が交代したりすると、キャリア・アンカーも変わってくることがあります。例えば、今までプロジェクトのメンバーだった人がマネージャーになって、〈自分はマネジメントに向いているかもしれない〉と感じると、ちがってきますよね。

結婚や出産といったプライベートの変化も、キャリア・アンカーに影響します。ただしそれは、このカテゴリーチェックをすることで、初めて明確に気づくことなのです。

自分のキャリア・アンカーを知ることは、モチベーションのコントロールにつながりますから、特に大きな変化が生じたときは、このカテゴリーチェックをしていただきたいのです。

八つのキャリア・アンカーですが、どれがいい、どれが悪いということはありません。いずれも、会社なり組織に対してしっかり成果を出していけるし、貢献できます。

こうしたことを踏まえると、「昇進＝課長・部長・本部長になること＝仕事のできる人」というような見方は、今の時代にまったくそぐわないことがわかります。専門性で能力を発揮できる人を昇格させてマネジメントに携わらせるよりも、専門性をさらに磨いてもらったほうが、会社への貢献度がより高いのです。

従来からの評価制度では、これからの時代を乗り越えていけないことに気づいた企業では今、専門性に対するステージを設けて、権威と報酬を与えるような取り組みを始めています。ただし、まだまだ少ないのが現状のようです。

キャリア・アンカーを変えた「何か」を見る

キャリア・アンカーについて、もう少し理解を深めることにしましょう。

まずは、最初に◯をつけたものの強さを割合で表してみてください。

例えば、子どもがかわいい盛りで、家族といることが幸せで優先させたいので、残業や休日出勤するような仕事はしたくない、だから〈六割ぐらいはライフスタイル重視〉。とはいっても専門性を高めることにやりがいは感じているので、〈専門重視が三割ぐらい〉。決められた仕事をやるよりは思いどおりにやっていきたいから〈一割ぐらいは自律（立）重視〉……。といった具合です。

それが済んだら、同じようにして、新入社員のときはどうだったかを考え、現在と比べてください。〈専門重視の割合はもっと高かった〉〈ライフスタイル重視の割合は低かった〉〈社会貢献重視は高かった〉といったことが、きっとあるはずです。

それならば、何があって変わってきたのか、そこを見てほしいのです。なぜなら、その何かは、自分の価値観を変えるほどに大事なものだからです。

〈そういえば、もう辞めるしかないと思い悩んでいたとき、上司が声をかけてくれた。だから今も働き続けていられるのは、その上司のおかげなんだな〉と思い出す人もいるでしょう。すると、〈自分は、そういう上司になろう、その上司のように部下を育てていこうとやってきたんだな。だから経営重視が六割なんだ〉と気づくことになるのです。

こういう気づきや掘り下げがとても大事なのです。◯をつけただけでは、ほんとうの理解の一、二割ぐらいです。しかし二重丸をつけ、割合を考え、新入社員のころと比較し、変化してきたきっかけまで探れば、ほぼパーフェクトです。

この観点は、組織や会社にも必要です。従業員にキャリア・アンカーに基づいて働いてもらえば、成果が上がりやすいからです。キャリア・アンカーと会社の要請がぴったりマッチングしていれば、ワークエンゲージメントにもなりやすいですよね。これこそが人材活用です。

しかし、マッチングが乖離《かいり》していて、キャリア・アンカーと会社の要請がまったくちがうという状況であれば、とてつもない努力をしないと、その人は成果を出せないでしょう。不調になるのも、ベストキャリアからほど遠い状況にあることが主な原因であるケースが多いように思います。

また、転職も、ただ単に〈上司が嫌だから〉〈給料がもっと高いところで働きたいから〉などの理由では、うまくいかなかったりするのです。でも、ベストキャリアやキャリア・アンカーまできちんと考えて行動すれば、成功しやすくなります。

あなたは何を大切にしているのか

自分の価値観を明確にしていく

次に考えていただきたいのが、自分自身の価値観です。この項では、仕事という枠を取り外して、自分にとっての大切なものを見ていくことにします。

「あなたにとって大切なものはなんですか？」

と聞かれて、ためらいなく、

「はい○○です」

と答えられる人は、あまりいないのではないでしょうか。ですので、一四〇ページに仮に例をあげてみました。これを手がかりに、みなさんも書き出してみてください。

いかがですか。書いているうちに、いろいろなことが想起されたのではないでしょうか。「余暇の充実」と書いたら、その余暇とは何かと考え、例えば〈音楽に触れること。仲間との演奏〉〈海に潜ることと水中写真〉といった具合に進んでいくはずです。それを欄外に、バンド演奏、スキューバダイビングというように書き添えてください。私の場合はスキーと書きます。ついでに、生涯続けたい、とも添えます。

このようにしてどんどん書き出していきましょう。

そして一回終わったところで、もう一度、大切なものが抜けていないか、見直しをしてください。もしも、〈映画が入っていないけど、かなり好きだよなあ〉と気づけば、それを書き加えます。さらに、〈なぜ映画なんだろう。やはり感動したいからだよな。つまり、感動が自分には大切なことなんだ〉というように考えが進んだら、それも書き加えてほしいのです。

あなたは何を大切にしていますか？

例

家族	挑戦
余暇の充実	地位
人間関係	経済的安定
財産	健康
名声	キャリアの成功

大切なものが何かを考えるとモチベーションの源泉が見えてくる

空欄も欄外もいっぱいになってしまったのではないでしょうか。

そこで次に、その中から特に大切な四つ、あるいは五つを、時間をかけて選んでください。そして、それがあることで自分は何を得ているのかを、考えてほしいのです。

私の場合なら、スキーを究めて何が得られているのかということになります。学生時代の私は、部活動は三日坊主で、入ってはすぐに辞めていました。だめな人間だと情けない思いでいっぱいでした。

ところがなぜかスキーだけは楽しくて、東京からスキー場まで出かけることはまったく苦にならず、ずっと続けていました。その結果、インストラクターの資格を持つまでになりました。報酬が得られ、何よりも教えた人から感謝される喜びは代えがたいものがありました。

そしてマネジメントの仕事に携わるようになって、初めて気づいたのです。〈そうか、自分はほんとうに大事だと思うものは、あきらめないでやっていけるんだ。最後までやり通せる人間なんだ〉と。それからは、努力がいい方向にどんどん向かっていくようになりました。

大切なものは何かと突き詰めていくと、そういうモチベーションの源泉というべきものが見えてくるのです。そのことをさらに明確化させるために、次項の「原体験」という観点が必要になってきます。

大切にしている思い出——原体験の意味と価値

原体験が今にどうつながっているかを見つめる

今までの人生を振り返ると、よく思い出される場面や情景があります。それを原体験、または原風景といいます。みなさんも、そういうものを思い浮かべて、ノートに書き出してみてください。

できるだけ具体的にあげてください。そしてあげたものが、今にどんなふうに影響しているのか、つながっているのか、それを考えてみましょう。

例えば私は、小さいころの家族団らんのシチュエーションが、すごく思い出されるのです。こたつに入って他愛のない話をしたりすることが、とても幸せでした。クリスマスには、豪華なプレゼントはなくても、母親がごちそうを作ってくれて、子ども心にも〈大切にされているんだなあ〉と感じていました。ですから、〈家族を絶対に裏切ってはいけない〉という思いが強くありました。

ではその原体験が、今にどうつながっているのかと考えると、私が家庭を作る立場になって、何よりも家族がいちばん大事ということに結びついています。ですので、仕事で家族を犠牲にすることは、私にはできません。**このような価値観ができたのは、原体験があってのことだと思うのです。**

もう一つ、私の例をあげさせていただきます。スキーをがむしゃらにやっていた情景もよく思い出します。そのときの私は、〈うまくなりたい、うまくなりたい、うまくなるんだ、うまくなるんだ〉と、ずっと念じていました。今はカウンセリングの仕事に携わって、〈もっと広く知識を得たい、もっと極めたい〉と考え、ひたすら前に向かっています。スキーとまったく同じことをやっているんですね。

自分は好きなことであればとことん突き詰められるという、そういうつながりが見えてくるわけです。

また、海に潜るのが好きなのも、幼いころに父親が川遊びに連れて行ってくれた、たった一度の経験がつながっているということも、原体験を探っていってわかりました。

この項は、みなさんに、原体験を思い出し、それを見つめ、その意味と価値を考えていただくパートです。

原体験は「いちばん大切な時間」「いちばんリラックスできていたとき」「いちばん充実していたとき」「いちばん楽しかったとき」ということができます。

研修でこの作業を行うと、みなさんどんどん原体験が出てきます。そして今度はそれをみんなに話して、共感してほしいという気持ちが湧いてくるようです。ですから、シェアする時間を必ず設けるようにしています。

○年後、どんな自分だったら幸せなのか

自分がありたい姿、なりたい姿を思い描く

いよいよ重要な項目に至りました。

テーマは、「○年後に自分がどうなっていれば、幸せだと感じることができるか」を考えることです。

いきなりそう聞かれても、答えに窮するか、浅い結論になってしまうでしょう。ここまでさまざまな項目を踏まえてきたのは、じつは、このテーマに対して前向きにしっかりと向き合っていただきたかったからなのです。読み進めてきたみなさんは、おわかりいただけると思っています。

〇年後については、長いレンジ（期間）を考えてください。若い方なら二〇年後とか、五〇歳を過ぎている方なら一〇年後ぐらいがいいと思います。

もちろん、今がいちばん幸せという方もいるでしょう。でも将来にもっと頻繁に、もっと強く、幸せを感じることができるなら、それに越したことはないですよね。ということで、左ページを参考に、答えをノートなどに書き出してみてください。

どのように考えていくかですが、まずは仕事のことから始めましょう。**どのような仕事や役割を担っていれば幸せか、どのような責任を果たせていれば幸せか、そういうものを、二〇年後、一〇年後の、自分がありたい姿、なっていたい姿を思い描きながら、考えてみてください。**

次にプライベートについて考えてみてください。もうおわかりのことと思いますが、仕事のことだけでは、仕事の価値観は創造できません。**プライベートとの連動を図ることで、仕事の価値観は創造できるのです。**仕事はお金を稼ぐだけのもの、自分の幸せはプライベートの中にしかないというのでは、いつまでたっても連動は図れません。

家族との関係性や家族に対する役割がどうなっていれば幸せを感じることができるか、あるいは、趣味やスポーツでこんな世界が持てたら幸せだろうとか、ここまで極められたら

□年後、どうなっていたいですか？

考えるヒント　●いちばんやりたい仕事　●自己実現、成長　●キャリアとライフのバランス　●いちばん大切な人との関係　●いちばん大切な価値観　●いちばん誇りに思うこと　●いちばん充実していること　●人生にとっての成功　●夢、原体験　など

ビジョン

幸せだろうとか、思いつくまま書き出してみましょう。

仕事もプライベートも、両方とも幸せになりうるものです。ですから、できれば一緒にして考えるよう心がけてください。そうすることで、プライベートの幸せを得られるように仕事をし、その仕事でも幸せを感じ、さらにプライベートがより充実していくというふうに、両方の相互補完性がはっきりとわかり、自分の幸せというものが明確になってきます。そのような意識で、この作業に臨んでほしいのです。

将来が確実なビジョンとなって見えてくる

この作業では、夢をある程度書き入れていただいていいと思います。将来的に豊かな生活をしたいというのであれば、どの程度の豊かさであったらいいのかを考えてみましょう。別荘を持つことなのか、定年までにローンを完済することなのか、あるいは、毎年家族と海外旅行に出かけられるぐらいの裕福さなのか。**夢ですから遠慮することなく、思いつくものをどんどん書いてください。**そして、さらに深めていってほしいのです。

例えば、「定年まで働ければ幸せ」と書いたとします。では、定年のときにどのような状況ならば幸せなのでしょうか。もしも「健康でいればもっと幸せ」なのであれば、どの程度の健康を想定しているのか、そのためには何をすればいいのかと、考えを進めてほしいのです。健康診断で引っかからないように過ごすのか、適正体重を維持するのか、一時間ぐらいは走れる体力をつけるのか、筋肉を鍛えるのか、そう自問自答しながら掘り下げてください。さらには関係性を広げて、健康なら趣味も充実できるはず、ならばどの程度まで趣味を究めれば幸せなのかと、そこまで膨らませていただきたいのです。

時間がかかる作業ですね。**しかしじつは、ここが核心なのです。なぜならば、その幸せのビジョンを得るために、実現するために——という心の働きこそ、モチベーションの源泉だからです。**

このことを理解していないと、上司にいわれただけの今の仕事しか見えなくなってしまいます。〈なんでこんな嫌な仕事をしなくちゃいけないんだ〉〈どうして自分にばかり仕事を振るんだろう〉と、不平不満だけになってしまいます。

しかし、この作業をすることで、〈二〇年後は必ずこういうふうに幸せになるんだ。だからこの仕事も価値がある〉というように変わります。将来が確実なビジョンとなって見えるのです。これが将来に対しての期待です。未来志向というのは、ここから始まるのです。

今までは、会社や上司、環境にばかり意識が向いて、〈だからモチベーションが上がらない〉といっていた人も、これからは〈自分で決めて目指せる、努力すればそこに近づける、できる〉という気持ちになるでしょう。

ここで重要なことは、ほかの人に頼ることなく「自分でできる」ということです。それがまさに、モチベーションのコントロールにほかならないのです。将来の幸福を見つめるこの項目は、ターニングポイントをもたらしてくれるものです。ですので、じっくり取り組んでいただきたいのです。

初めのうちは、なりたい姿がおぼろげというか、なかなか絞り込めないと思います。それはそれでいいのです。でも、五年後くらいにもう一回やってみる、さらに五年後にまたやってみる。すると、確実に一回目よりも二回目、二回目よりも三回目と、大切なものがどんどん明確になってきます。三回ぐらいやると、人生で大切なものを、ほぼつかめているのではないでしょうか。

そのときには、本項のテーマである「〇年後にどうなっていれば、幸せだと感じることができるか」に対してはもちろん、「何を大切にして生きていますか?」と問われても、戸惑うことなく答えることができるでしょう。また、きっとできるようになります。

ビジョンが実現できる目標設定の方法

達成できない目標はない！

仕事とプライベートの連動が図れれば、仕事の価値観は創造できます。二〇年後、一〇年後はこうありたいというビジョンを明確にすることで、未来志向が生まれ、将来に対する期待が高まります。

そして、それはほかの人がかなえてくれるものではなく、自分ですること、自分でできること。努力すれば近づけるし、成し遂げられるものだということ。仕事に対する強い主体性は、そこから生まれるということを、ここまで見てきました。

では、そのビジョンを実現するには、具体的にどのようなことが必要になってくるのでしょう。それを考えていきたいと思います。**まずは目標を設定することが重要です。**目標は、一つですべてのビジョンが実現できるということは、たぶんないでしょう。ですから、このビジョンに対しては二つ、このビジョンに対しては三つといったように、仕事とプライベートの領域から幾つか考え、それをノートに書き出してください。

また、ここでの目標とは絵空事ではなく、現実に踏み込むものですから、日程や数字なども入れて、できるだけ具体的に書くことを心がけてください。

例えば、ビジョンが、「二〇年後はマネジメントの仕事に就きたい。人材を育成することにやりがいを感じながら働いていきたい」だったとします。ならば、まずは、マネジメントで何を目標にするかを考えます。五人ぐらいのチームのマネジメントなのか、二〇人ぐらいの部門なのか、どのぐらいの収益があがるマネジメントなのか、といったようにです。**具体的であればあるほど、モチベーションは高まりやすくなります。**

書いていると、例えば、〈最初のこの目標で一〇年後、一〇人規模のマネジメントで一年五〇〇〇万円ぐらいの収益を上げて、会社に貢献する。それがクリアできたらさらに一〇年後は、三〇人ぐらいの規模で部として統括できるような形にもっていけたらいい〉といったように、連動して目標が出てくることもあるでしょう。モチベーションにもいっそう効果が出ます。また、ビジョンに対して、今の会社では実現できないと気づいた場合、転職という目標も出て来るかもしれません。

目標というのは、基本的に達成できないものはないと、私は思っています。**本気になってやっていきたいという、目標に対しての価値を心から感じて、成し遂げたときに自分の幸せがあるということをしっかりと理解できている人は、ずっと努力をし続けられると信じているからです。**だから達成できるのです。

目標は数年周期で見直し、明確にしていく

そう断言できるのは、私自身、目標に落とし込んだ幾つものビジョンを、ほぼかなえてきた経験があるからです。

そもそもは、ＩＴ関連の会社で、産業カウンセリング、ヒューマンスキルの領域で一つの事業を作りたいというビジョンを持ったことがスタートでした。皆目見当がつかない中で、〈ともかくこの領域の専門性を高めたい。ならばどんな目標が必要なのか〉と、日程からレベルに至るまで考え、試行錯誤しながら少しずつ成果を出し、ついに事業として確立

できました。達成できたわけですね。

私のビジョンにはほかにも、本を何冊出す、取材を何本受ける、あるいは、海が好きなので自分の船を持つ、家を建てて犬を飼う、さらには、バーベキューを年間五〇回やる、というものも入っていましたが、これも達成しました。

達成できない目標がないということは、つまり、努力することが苦にならないということになるのです。なぜなら、幸福を見つめるビジョンを持って、明確に目標を設定し、あとはスタートさえ切れば、幸せを感じながら楽しく働けて、目標達成に至るからです。

ですから、このプログラムは、それを可能にするものなのです。つらさに耐えながらようやく成し遂げるというようなことではありません。**そしてビジョン達成に近づけていることがわかると、〈モチベーションというのは、こうしてコントロールできるんだな〉と、腹に落ちるでしょう。そしてどんどん自分を信頼できるようになります。他者への感謝が生まれ、人間関係もよくなり、すばらしい人にもどんどん巡り会えるようになります。**

ビジョンと同様に目標設定も、数年周期で見直すと明確化が図られるので、二回、三回と行ってほしいと思います。一回目では、ほんとうに達成できるか疑心暗鬼だったところもあるでしょう。しかし二回目、三回目と進むうちに、達成に近づいているもの、達成できたものが出てきます。すると次の新たな目標を、〈これはほぼ間違いなく達成できるぞ〉と手応えを持って作ることができるのです。これほどの幸せはないですよね。

ステップの過程から逆算してマイルストーンを作る

逆算方式なら実現性が飛躍的に高まる

目標設定までが、モチベーションの土台作りとなります。自分にとって大切なものと、どうなると幸せなのかということが、しっかりと把握できているということです。揺るがないモチベーションの土台ができました。次のステップは、目標達成に向けて行動を起こしていくということになります。

目標に向かってコツコツとやっていくということは、多くの人が行う方法ですが、じつは、これは挫折するやり方なのです。なぜかというと、道のりは平坦ではなく、努力を要するし、途中には解決しなくてはいけない問題や課題があり、また、足を引っ張られるなど、さまざまなストレスを受けるからです。では、どのような方法がいいのでしょう。

基本は、逆算方式です。つまり、将来の目標を達成するには、どのぐらい前にはどういう状態になっていればいいのかを考えるのです。そして達成時から今へと、節目の目標を順々に作っていきます。この節目の目標をマイルストーンといいます。

例えば、登山で今日中に山頂の山小屋に行くという目標を作ったとします。そしてふとからわき目も振らず、コツコツと登っていきます。しかし、どのぐらいまで登ったのか見当がつきません。そんなときに急に天気が悪くなりました。頂上も見えません。しだいに不安が募り、結局は〈今日中は無理。今のうちに下山しよう〉となってしまいます。

しかし、マイルストーンがあればどうでしょう。〈今、一〇合目のうちの五合目まで来た〉とわかります。それが、〈ならばもう少しペースを速めれば到達できるだろう〉〈三〇分ぐらい休憩をとっても大丈夫だ〉と、冷静な判断につながるのです。つまり、実現可能性が飛躍的に高まります。これが逆算方式と、それに伴うマイルストーンの意味です。

マイルストーンの作り方をカスタマイズする

そこで、マイルストーンをどう作るかということになります。

例えば、「二〇年後は社長になろう」というビジョンを立てたとします。そこで、どれぐらい前にどのような状態になっていればいいのかを考えます。おそらく数年前には役員になっていなければ難しいですね。だから一つ目のマイルストーンは「数年前に役員」です。

では役員になるためには何が必要かと考えると、時代を反映した経営方針を立てたり、中・長期の事業戦略を立てるといった能力が欠かせない。それには本部長や事業部長ぐらいを経験していないと無理なので、二つ目のマイルストーンは「その数年前には本部長か事業部長」です。では、本部長か事業部長になるには財務諸表を読み解くことができなければならないし、部門の全体統括でリスクマネジメントがしっかり行えなければならない。ならば、さらにその数年前には部長になっている必要がある。なので次のマイルストーンは……といったように、逆算方式でマイルストーンを作っていくのです。

また、ライフスタイルや資格・知識・技術、仕事、会社での役割などをトータルでとら

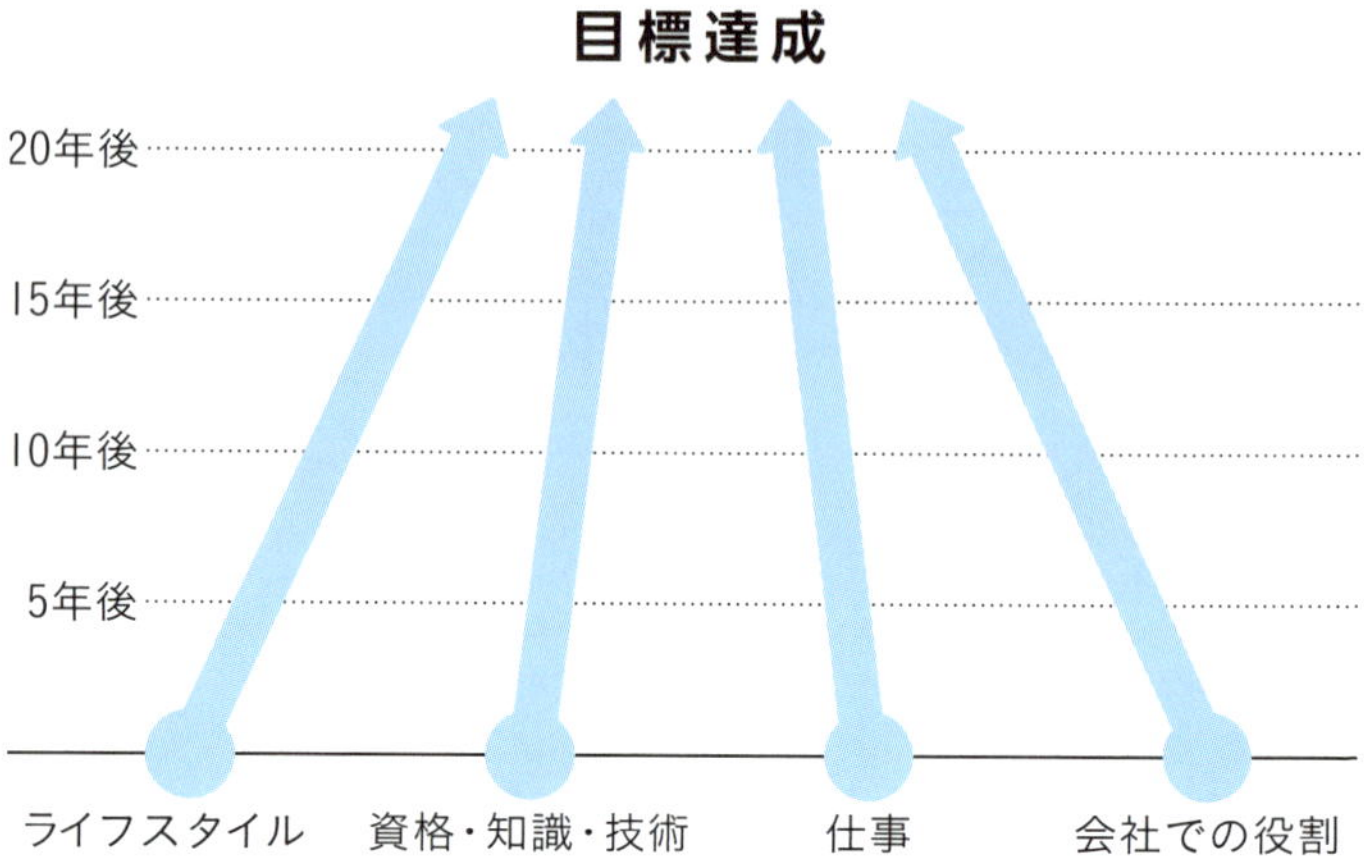

えて、マイルストーンを作っていくという方法もあります。

例えば、自宅を購入するのはいつごろで、ローンはいつ完済できるか。教育資金が最も必要となるのはいつぐらいか。ならば会社での役割はこのぐらいになっていないといけないだろう。そのためには資格が必要になる……というようにです。

このように連動を図りながら考えると、仕事の価値もまた高まっていくわけです。イメージとしては上の図のようになります。

つまり、マイルストーンは、目標達成に向けて自分なりにカスタマイズしていけばいいのです。

行動マネジメント
——アクションプランを作る

マイルストーンは必ずクリアする

マイルストーンが設定できたら、いよいよ行動マネジメントに入ります。

それは、一つ目のマイルストーンを達成するためのアクションプランの作成と実践です。

例えば、「五年後にリーダーになろう」が一つ目のマイルストーンだとします。リーダーになるには、今持っている資格では専門的なアドバイス面が弱いので、資格を増やす必要があると気づきます。

そこで〈今年はこの資格を、来年はこれを取ろう〉と決め、勉強する時間の捻出方法を考え、受験日を踏まえて〈このようなスケジュールでやっていこう〉と、アクションプランを作るわけです。

さらには、〈リーダーになったら、メンバーの話を聞けるよう傾聴のスキルを高めたほうがいいだろう〉と考え、〈専門の書籍を半年で五冊読もう。研修も受けてみよう。一年後に職場で実践してみよう〉と決めます。

このようにして、具体的にアクションプランに落とし込み、実践していきます。

そして一年後に見直しをして、達成できていない部分があれば、それを次の年に盛り込んで、その年のアクションプランは確実に成し遂げるようにするのです。**こうして、一つ目のマイルストーン、二つ目のマイルストーンと、必ずクリアするということを繰り返していけば、間違いなく最終目標に到達できることになります。**

そこまでの努力とエネルギーを費やしても、成し遂げる価値をしっかりと感じていれば、その人は目標に到達できます。しかし、あまり価値を感じていなければ、なかなかたどりつけないでしょう。このことは、土台をしっかり作っていくことがいかに大事かというところにつながってくるのです。

挫折してしまう多くの人は、ここまでお話ししてきた土台作りを考えずに、いきなりアクションプランから入ってしまうところに問題があります。キャリアデザイン研修でも見受けられるのですが、「最初に、この一年間にどんな勉強をしていくか考えましょう」では、奏功しないのです。揺るがない土台を作ってからスタートすることが、目標達成のための大前提なのです。

達成場面をイメージしてモチベーションを高める

意識すべきはゴールの一歩先

アクションプランを作ったら、達成場面を決めます。つまり、**自分が目標を達成したときに「やったぞ!」と、いちばん幸せを強く感じるのはどういう場面なのか、それを決めるのです。**

これは目標が同じであっても、人によってまったく異なります。

例えば、オリンピックに行く選手は、ほとんどが金メダルという同じ目標を持っています。でもいちばん強く「やったぞ！」と幸せを感じるのはどういう場面かというと、人によってちがうでしょう。それは、電光掲示板にタイムや順位が表示されたときだったり、表彰台のいちばん高いところに立ったときだったり、国歌が流れたときだったり、首にかけられた金メダルの重みを感じた瞬間だったり。

あるいは、帰国した空港でたくさんのファンや報道陣に囲まれたときや、ずっと支えてくれた両親の首にメダルをかけて「金メダルが取れました。ありがとう」といった瞬間だったり、おそらく千差万別です。

ですので、自分なりの達成場面を決めましょう。

そしてその情景をどんどん膨らませてください。そこにはだれがいて、何があって、どのような会話を交わし、自分はどのような思いでそこにいるかを、できるかぎり詳しく思い描くのです。

じつは、イメージしてほしいのは、まさにここなのです。目標を見るわけでも、ビジョンを見るわけでもなく、「達成して喜んでいる、幸せの絶頂にいる自分」をイメージしてほしいのです。

意識するのはゴールだと思いがちですが、ちがいます。見つめるべき視点はもう一歩先です。「ゴールをしたあとの自分がどんなに幸せか」という姿をイメージすることです。幸福である自分の状態を見続けているわけですから、モチベーションは下がることはありません。

例えば、高い目標や夢をかなえている一流アスリートのメンタルトレーナーは、達成場面を強化するというこの方法を本格的にやっています。アスリートはまず達成場面を考え、その情景をできるだけ詳しく膨らませます。

次にそれを文章にし、さらに絵に描き、その絵について説明します。そして今度は目をつぶって、自分がした話をメンタルトレーナーから聞くのです。そしてメンタルトレーナーはアスリートに、

「あなたはこんなにも大変な道のりを、高い目標を掲げて、努力してきました。そこに行き着くまでには壁があり、ケガもあって練習ができなかったりして、つらい思いをしました。でもあなたは、大切なものを得るために、守るために、一歩一歩克服してきて、今やっと勝ち取りました」

というような話をします。このようにして、本人が涙を流しながら「やったぞ！」となるまで、徹底的に達成場面を強化するのです。そのレベルまで持っていくのです。するとどうなるでしょう。

脳は、イメージトレーニングで行われたことと現実の体験を区別できませんから、幸福感にかかわる脳内物質ドーパミンも出て、アスリートの脳の中では達成できていることになるのです。

自分の達成場面をイメージ

読者のみなさんは、そこまで追い込む必要はもちろんありません。しかし、**達成場面の効果を信じて、その情景を膨らませ、それを見続けるということをやっていただきたいのです。**

繰り返しになりますが、会社や上司の問題、先輩や同僚との軋轢《あつれき》といった、そういうことにばかり意識を向けてエネルギーを費やすことほど、無駄なことはありません。どうにもならないことなのですから。

達成場面を考え、イメージを膨らませる

達成場面	
達成イメージ	

(絵で表現するのもよい)

見るべきところは、自分の達成場面なのです。見続けているかぎり幸せです。そしてマイルストーンや小さな目標を達成していくごとに、もっともっと幸せになります。成功しかない歩みですから、苦になりません。

これこそが、究極のモチベーションの状態なのです。

第4章でお名前を出させていただいた、アテネオリンピック男子体操団体の金メダリストである米田巧さんに、どのぐらいの頻度で自分の達成場面を見るのか、伺ったことがあります。

すると米田さんは「練習をするたび」と答えました。鉄棒をつかむ前、床運動の床に立ったとき……、そのたびごとだというのです。私は「こういう方が目標を達成しないわけがない」と感じました。

米田さんはケガで、北京オリンピックには行くことができませんでしたが、出場を目指しての努力は驚くべきものがありました。

オリンピックの選考会で惜しくも落選したとき、会見で米田さんは、笑顔でこのようなことをいいました。

「もちろん北京に行けないことは悔しい。しかし、自分のいちばん大切な、あきらめない、やり遂げるということは、達成できました」

米田さんは、オリンピックに行くことよりももっと大切な、人生上の目標を達成したのです。

米田さんのこの言葉を聞いたときに、私は〈モチベーションの本質〉に、深く気づかされたのです。

CHAPTER

6

自分でできるストレス耐性アップ

ストレスによる健康障害のメカニズムを知る

感情は認知によって起こる

第1章から5章にかけて、究極のモチベーションの作り方を学んでいただきました。あとは実践していただくだけですが、その歩みの中で、モチベーションを阻害するストレスや問題はやはり起こってきます。**本章ではその対処方法を、「健康障害」「自律神経とプレッシャーのコントロール」「ファンタジー・ブルー」「承認力」といった観点から押さえておきたいと思います。**

まず、ストレッサー（ストレスを引き起こす刺激要因）が健康障害を引き起こす、そのメカニズムを説明しましょう。

ストレスによる健康障害のメカニズム

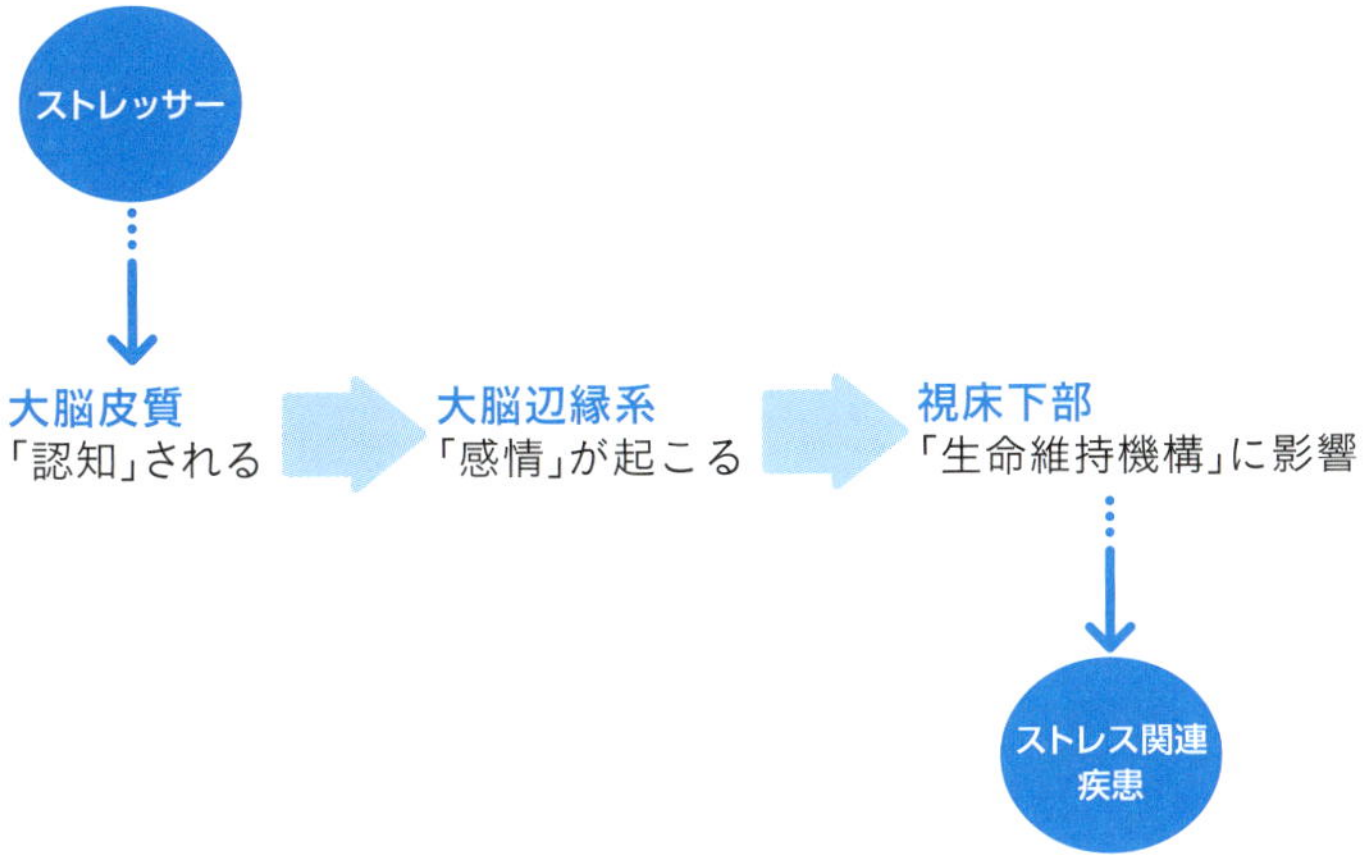

ストレッサーを受けると、脳は、「これは大変だ」「これは体験済みだから大丈夫だ」というように、経験や記憶に基づいて、負担の大きさや困難性、苦痛の程度を評価します。これが認知です。

その情報が、神経伝達物質によって大脳皮質から大脳辺縁系に運ばれると感情が起こります。この場合では、不安、不満、怒り、悲しみなどです。また、ストレスに対する行動反応（作業ミス、遅刻、欠勤）も起こります。

次にその情報は視床下部に伝わって、生命維持機構に影響を与えます。生命維持機構は生きるうえで欠かせないもので、健康の司令塔です。生命維持機構には、免疫系・自律神経系・内分泌系の三つの機能があります。複合的に関係し合っているので、どこか一つがおかしくなると、その影響がほかの二つに及んで、健康障害を引き起こします。この流れを理解しておいてください。

では、認知・感情・生命維持機構が、モチベーションにどう影響していくのかを見ていきましょう。

まずは認知です。同じストレッサーを受けても、それを悲観的に受け止める人もいれば、楽観的に受け止められる人もいます。つまり、人によってちがいがあるわけです。また、認知に伴って感情も揺れ動きます。

例えば、仕事で大きなミスをしてしまったA君とB君が、みんなの前で叱責されました。A君は〈しまったなあ。確かに上司の指摘するとおりで、早めに連絡を取ればよかった。でも今の段階で上司が気づいてくれたので、大事にならずに済んだ。身にしみたから次はミスしないぞ〉。これが、A君の認知です。

次はB君の認知です。〈しまったなあ〉と、ここまでは同じです。でもそのあとがちがいます。〈悪かったのはわかっているけど、なぜみんなの前でつるし上げるんだ。恥ずかしいし、できないやつだと思われてしまった。こんな上司とは口もききたくない〉。

ちがっているのは認知だけではないですよね。A君には、失敗したことへの良心の呵責があり、気がついてもらってよかったと、ほっとしています。これはプラスの感情です。次は大丈夫と、自信も高まっています。これもプラスの感情です。

では、B君はどうでしょう。恥ずかしい、周囲から冷ややかな目で見られている、頭にくる、許せない……。そこにあるのは、怒り、自己卑下、自信喪失、罪責感です。強いマイナス感情だけです。

つまり、認知の仕方で感情もちがってくるのです。ですから、感情というのは、出来事や周囲の環境、ストレッサーそのものが引き起こすのではなく、「認知によって起こる」といえるのです。

状況を客観的に見ることができれば、それ以上は傷つかない

したがって、認知にアプローチすることで、感情をうまくコントロールできるということになります。どのようにすればいいのでしょう。

それは、凝り固まらずに柔軟に、ポジティブ思考で考えることです。ストレッサーを受けてモチベーションが下がった人は、〈こんな失敗をしてもう終わりだ〉〈自分には能力も

適性もない〉〈周囲から見下されてしまった〉というように、偏った思考に固執して、ネガティブな感情を生んでしまっています。

ですから、意識的に、〈ほんとうに終わっているのか〉〈自分の力量はそんなものなのか〉〈周囲はそんなふうに考えていないだろう〉と柔軟に考え、〈卑下することはない〉と認知するよう心がけて、それを習慣づけることが大切になってくるのです。

柔軟なポジティブ思考ができると、下がりかけたモチベーションは上昇に転じます。いい思考はいい行動に結びつくので、成功可能性も高まります。

また、ネガティブな感情を解決しないままでいると、別のストレッサーも起こってきて、さらに増幅されてしまいます。すると引き返すことが困難になり、自己否定や閉じこもり、攻撃や逃避など、望ましくない状況に至ってしまいます。早い段階で、ポジティブな思考をするように努力しなければなりません。

認知的なアプローチを身につけるには、練習を重ねることです。そうすれば、ストレッサーを受けたときすぐに、ポジティブ思考ができるようになります。また、状況を客観的に見られるようにもなります。例えば、上司に叱られて心が傷ついたとき、〈今かなり傷ついているなあ〉〈このぐらいでやめてくれたらいいのになあ〉と、状況を俯瞰《ふかん》することができるのです。**客観的に見ることができれば、もうそれ以上は傷つくことはありません。**

しかし、客観的に見られなければ、〈確かにそのとおりだ。自分はこの会社でやっていく能力がないんだ。みんなもそう思っている〉と、自分でさらに傷を深めてしまいかねません。認知のちがいは、それほどに大きな意味を持っているのです。

練習の方法としては、〈自分は今、悪い思考になっていないか〉と立ち止まって、〈ではいい思考に置き換えるとしたら、どのようになるのか〉を、文字にして考えるという方法もあります。一七六ページを参考に、試しにノートに書いてみてください。効果がありますよ。

しかし、そうはいっても、**どうしてもポジティブ思考にできないストレッサーも現実にはあるわけです。そのような場合におすすめの方法があります。それは、「他者のこととして考える」ことです。**

例えば、部下や同僚が仕事の失敗でひどく落ち込んでいるとき、自分ならどのような言葉をかけてあげるか、支えてあげたいかを、一生懸命考えてみるのです。

「これでもう、出世の見込みはなくなったね」と、あなたは失敗した人にいうでしょうか。「クライアントの信頼は二度と得られないな」と、そんな言葉を投げかけるでしょうか。い

「悪い思考」から「よい思考」へ

出来事	悪い思考		よい思考
仕事のミス	私は、ミスをしてはならない	➡	私は、ミスをしたくない
目標の達成	私は、達成することができない	➡	私は、達成することができる
プレゼンの成功	私は、	➡	私は、
嫌な仕事	私は、	➡	私は、
人生	私は、	➡	私は、

いませんよね。

「今はつらいかもしれない。でも職業人生が終わるわけじゃない。学んだのだから、同じようなミスはもうしないはずだよ」「ここから再スタートして、少しずつクライアントとの関係を築いていけば、必ず実を結ぶよ」と、励ましてあげるのではないでしょうか。その言葉を、自分自身にいってあげるのです。

いったん「他人事にして考える」。この方法は、じつはカウンセリングにおいて、とても有効で現実的な方法なのです。

例えば、自殺を考えるまでに至ってしまった人は、悲観的で破局的なことしか考えられない状態にあります。その人に対し、「そのとおりだよ。死ぬしかないね」とは、だれも決していないでしょう。どんな言葉をかけてあげたら救えるだろうかと、必死で考えるはずです。そのときの最後の砦ともいえる方法が、他人を絶望の淵から立ち直らせるための言葉を考えてもらい、それをみずからに語りかけてもらうことなのです。

専門的な話になりましたが、認知の力を侮らず、うまく利用してほしいと思うのです。

副交感神経を高める方法を実践する

自律神経にはアプローチできる

生命維持機構には三つの機能があるとお話ししました。そのうち、**特にモチベーションに影響するのが内分泌系です。内分泌系とは、つまりはホルモンです。**よくホルモンバランスが大事といいますよね。そのバランスとは何と何のバランスをいうのでしょう。

それは、簡単にいうと、「作られる」と「作られない」とのバランスです。つまりホルモンが、必要なときに作られなかったり、必要だからといって作られすぎてしまうと、バランスが崩れてしまうということです。

大脳には、ホルモンや神経伝達物質として働く物質がたくさんあります。特に、モチベーションに大きくかかわるものが、ノルアドレナリンです。ノルアドレナリンが産生されないと意欲が低下します。つまりモチベーションが下がってしまいます。

セロトニンも重要です。これが産生されないと不安が高まります。不安の中でモチベーションが究極に高まるということはありえませんよね。

ですから、前章まで、「このように考えましょう、理解をしましょう、意識を持ちましょう」とステップを踏んできましたが、**モチベーションを完全にコントロールするには、じつは体へのアプローチも必要なのです。**

生命維持機構の三つの機能は有機的に関係していますから、一つをよくすればほかの二つの機能もよくなります。ただし、内分泌系あるいは免疫系に直接アプローチするのは、とても難しくて複雑です。

しかし一つだけ、アプローチが容易なものがあります。それが自律神経です。

自律神経には、「動け」という指令を出す系統と、「抑えろ」という指令を出す系統があります。車でいえばアクセルとブレーキです。アクセルを踏みっぱなしでは体はもたないし、ブレーキを掛けっぱなしでは何も活動できないということになります。このアクセルの役目を果たしているのが交感神経で、ブレーキが副交感神経です。

二つのバランスは、ふだんは体が自動的に整えています。この働きをホメオスタシスといいます。

睡眠時は副交感神経が優位になる

現代社会は、交感神経がとても高まりやすい状況になっています。企業間競争が激しく、内部構造も変えなくてはならない。終身雇用も年功序列の賃金体系もなくなり、成果主義が導入される中で、短期間で実績を出さなくてはいけない。グローバル化とＩＴ化が進み、顧客の要求も厳しくなり、少ない予算の中でぎりぎりの人員でやっていかなくてはいけない……。これでは働く人の心は休まるはずもなく、交感神経は高まるばかりです。**つまり、**

ホメオスタシスの働きで副交感神経が高まるのを待てばいいという、そんな時代ではないのです。その結果、たくさんの人が不調に陥っています。

ですから、自律神経を意識的にコントロールしていくという視点が必要になってくるのですが、そのようなことができるのかと思われた方もいるのではないでしょうか。じつは完全ではありませんが、できるのです。

では、どのようにすればコントロールが可能になるのでしょう。

まずは、交感神経と副交感神経のバランスのあり方を知っておく必要があります。シーソーを思い浮かべていただくとわかりやすいですね。シーソーの左右は、両方とも高い、両方とも低いということはありません。片一方が高ければ片一方は低い、低いものが高まれば高いほうは低くなる、そういう関係です。つまり、反動なのです。交感神経が非常に高い状態になれば、その反動で、副交感神経も思いきり高まろうとします。この反動の働きがしっかりとできていれば、自律神経のバランスは保たれます。

しかし、現実は、通勤が大変、仕事が大変、残業も休日出勤もするということで、ビジネスパーソンは交感神経が高い状態が続いています。本来なら、その反動で、家に帰って副交感神経が高まるはずなのですが、そうはなっていないのです。

理由はおわかりですよね。家に帰っても仕事をする、仕事のことを考える、仕事のメールをチェックする……。自動的に副交感神経が高まるべきときに高まらないということが起きるため、自律神経のバランスが崩れ、体を壊してしまうのです。

ですから、大事なことは、必要なときには副交感神経を最大限に高める努力をするということです。これが自律神経のコントロールにつながります。

じつは、条件が整えられれば、かなり長い時間、副交感神経がずっと高まっているものが、一つだけ存在します。それが睡眠です。寝ている間は、基本的にはずっと副交感神経が優位になります。ですから、睡眠時間をしっかり確保することが大切なのです。睡眠時間の重要性については一八三ページに整理しましたので、ごらんください。

「くつろぐ」ことで副交感神経を高める

睡眠以外では、リラクゼーションがいいといわれます。私が推奨するのは「とっつきやすいもの」です。それは何か？　**答えは「くつろぐ」ことです。くつろぐだけで副交感神経は確実に高まっていきます。**

しかも、くつろぐという観点に立てば、その方法は無限といっていいほどあります。家に帰って仕事をしない、仕事のことを考えない、仕事のメールチェックをしない、これは最低限必須です。家族と会話をし、団らんを楽しみ、子どもを抱きしめ、ペットをかわいがる。また、大好きな音楽を聴く、映画が好きならDVDを観る、好きな趣味に没頭したあとにゆったりくつろぐ……。なんでもいいのです。

入浴も、副交感神経を高めるのにとても効果があります。ただし、就寝直前に熱いお風呂に入るのはNGです。交感神経が高まってしまうので、副交感神経が高まるのに時間がかかり、入眠がスムーズにいかなくなるということが起きるのです。

また、深部体温（身体深部の体温）が下がりにくくなるという問題もあります。入眠すると、深部体温は一度低下します。それによって、次ページのコラムで述べているように、ノンレム睡眠は最も深いレベル4に行きます。もしも深部体温が一度低下しなければ、レベル3にとどまってしまい、深い睡眠構造がとれなくなる心配があります。ですから、熱いお風呂が好きな人は、就寝の二、三時間前に入るよう心がけてください。

有効な方法はまだまだあります。

例えば、昼食後の会議でウトウトしてしまって困ったという経験を、みなさんお持ちだ

column

睡眠時間はなぜ大事か

睡眠は質が大事で、短時間でも深い睡眠がとれれば大丈夫といわれることがあります。しかし、そのことに私は警鐘を鳴らしたいのです。なぜなら、睡眠にはやっぱり長さが必要だからです。

睡眠にはノンレム睡眠とレム睡眠があることはご存じかと思います。基本的にノンレム睡眠は大脳の睡眠で、レム睡眠は体の睡眠といえます。入眠すると、最初にノンレム睡眠が起きます。ノンレム睡眠には４段階あり、最も浅いのがレベル１、深いのがレベル４で、最初はレベル１から４に行きます。それからレベル１まで戻って、そのあとレム睡眠に入ります。おおむねこれを１サイクルとして、一晩に４回から５回のサイクルを繰り返しながら覚醒していくというのが、一般的な睡眠です。

しかし、副交感神経をきちんと高めないまま入眠してしまうと、いちばん最初のサイクルでレベル４まで行かず、レベル３にとどまってしまうということが起こります。そうすると、その次のサイクルは、同じかもっと浅いレベルになる傾向にありますから、結果的に浅い睡眠構造になってしまう恐れが出てくるわけです。

入眠時の深い睡眠で、成長ホルモンなどが分泌されることがわかっています。成長ホルモンによって体も大脳も修復を図られるのですが、それが不十分になってしまうのです。

ですから、睡眠の深さも大事ですが、ノンレム睡眠とレム睡眠のサイクルを正しく繰り返すということも大事なんですね。そのためには、睡眠時間の長さが不可欠なのです。

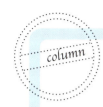

と思います。退屈な話が延々と続いたりすればなおさらでしょう。じつは、そのときこそ、副交感神経がとても高い状態なのです。この、くつろいで今まさに眠りに入っていくぞ、という状態に、入眠時に持っていけたら最高ですよね。副交感神経が高い状態でバタンキューですから、いちばん深い睡眠構造、レベル4に行きやすいのです。ですから、ここを目指すのです。

そのためには、しっかりと食事をとることも大事です。食事も副交感神経を高めるのに効果があります。

運動習慣がもたらす効果を利用する

副交感神経を高めるのに大きな効果を発揮するものが、もう一つあります。それが運動です。

運動時は交感神経が高まりますが、運動を終えた瞬間から副交感神経が高まっていきます。それも、それなりに負荷をかけた運動をある程度の時間しっかりやれば、その反動で副交感神経が優位な状態を保てます。ですから、その働きを上手に利用するのです。

まずは、運動習慣をつけることが大事になります。自律神経をコントロールして、モチベーションのコントロールを高めるという観点であれば、運動は週に一回でも十分ですが、できれば徐々に負荷をかけることを心がけてください。例えば、二〇分だったジョギングを二五分にする、三〇分にする。あるいは、二〇分のジョギングを二セットやるといったようにです。ただし、運動習慣が身についていない状態での激しい運動はNGです。

運動習慣がつくと不眠になりにくいという調査結果もあります。また、運動した日は入眠しやすく、深い睡眠構造がとれ、長く眠れることもわかっています。睡眠にとっても、運動は欠かせない要素なのです。

運動には、筋肉を動かすことでストレス物質が消費されるという効果もあります。ですから、筋肉をちゃんと動かす運動メニューを取り入れるようにしましょう。

涙を流すプログラムを作る

泣くこと、笑うことも、副交感神経を高めます。

特に、涙の効用はとても大きなものがあります。涙を流すときは交感神経が高まっていますが、流し終えたあとから副交感神経優位になっていきます。**しかも、涙はストレス物質も流してくれますから、涙を流せば流すほど効果的なのです。感動しても涙を必死にこらえているのは、じつにもったいないことです。**

また、涙を流すと、心が洗われたようなさっぱりとした精神状態になります。これをカタルシス効果といいます。すると、〈くよくよするのはやめよう〉〈もう一度頑張ってみよう〉と、思考がポジティブに変わります。つまり、涙には、ストレスを軽減するだけでなく、プラスの行動が起こるような認知に置き換えてくれる効果もあるのです。涙はそのスイッチなのです。

しかし、仕事の場では「ビジネスに感情を持ち込むな」「男はメソメソするな」といわれてしまいますよね。ですから、自宅で感動してうるっときそうな映画を観るなどして、涙を流してほしいのです。

私の研修では、「一か月の間にどれだけ涙を流していますか?」と尋ねるようにしています。すると、不調者が多い、どちらかといえばぎすぎすした感じの会社の方だと、涙を流す割合は一割、二割と、とても少ないのです。ところが、助け合いながら働けるやりがいのある職場の方では六割、七割で、しかも元気よく「ハイ!」と手をあげられます。

涙は感受性が弱くなってしまうと流れなくなります。ですので、日ごろからできるかぎり感受性を高めるようにしていただきたいのです。理想をいえば、週末は涙が流れそうな映画を必ず一本観るといったように、定期的に本格的に涙を流すようプログラムしてほしいのです。

私も映画を観ています。出張が多いので、その際は必ず前泊し、できるだけ早めにホテルに入り、感動して涙が流れそうな映画を何本か、夜中までぶっ通しで観るようにしています。少なくとも年間一〇〇本以上は観ていると思います。

すると感受性が高められ、人の思いに少し触れただけで、ものすごく感動するようになり、小さなことにでも、心底ありがたく感じるようになります。みなさんにも、涙を流すプログラムを作ってみることをおすすめします。

自然の中に身を置くと副交感神経が高まる

笑いも効果的です。ゲラゲラ笑ったあとは、確実に副交感神経が高まります。反動ですから、クスクス笑うよりは、お腹を抱えて思いっきり笑うほうが、副交感神経がぐんと高まることになります。しかし、その働きは二時間ほどで元に戻ってしまうことがわかっています。

ということは、一時間おきにゲラゲラ笑っているような人は、副交感神経がずっと高いままで保たれていることになるわけですから、ストレス性の病気にはまずならないでしょう。

もう一つ、見過ごせないのが、自然です。自然の中に身を置くと、副交感神経は間違いなく高まります。

美しい景色にひたっていると、あれこれと悩んでいたことがどうでもいいことに思えるようになります。それは、副交感神経が高まったことで、思考が建設的に変わり、ポジティブな感情が得られたということです。

豊かな自然の中で、大好きな人と、ウォーキングしたり、会話や食事を楽しんだりすれば、いくつもの効果が同時に得られます。しなやかで強靱なレジリエンスを強化するという意味からも、自然と友達になってほしいですね。

私も自然に触れることを大切にしたいと思い、一〇年前、横浜という大都会から静岡に引っ越しました。車で五分走れば、もう山や海です。果物や野菜を作り、犬を飼い、大好きなバーベキューを毎週末やってと、これだけ副交感神経を高めることを実践していれば、ストレス耐性アップに効果がないはずはないですよね。

このように、身の回りには、副交感神経を高めるのに効果があるものがたくさんあります。大事なことは、それをいかに知識として持ち、いかに大事かという意識を持っているということです。

そして意欲を持って、それを実践することです。これができている人が、ストレス耐性の高い人なのです。

ファンタジー・ブルーを感じるほどの幸福なひととき

じつはいま、私がいまいちばんおすすめしているのが、ファンタジー・ブルーを体験することです。

ファンタジーとは、現実からかけ離れた夢のような世界をいいます。人は、ファンタジーの世界に入れば入るほど、現実から離れ、没頭しやすく、感動しやすい状態になります。そしてファンタジーの世界から現実に戻ってくるとき、一抹のさみしさ、哀しさを感じます。これがファンタジー・ブルーです。

ファンタジー・ブルーを感じるということは、それまでひたっていた世界がいかに幸せであったかということです。そういう、後ろ髪を引かれる思いで現実に戻るような、それほどに幸せなひとときを、生活の中で定期的に体験してほしいのです。

次ページにまとめましたが、ファンタジー・ブルーには、感受性を高める大きな効果があります。モチベーションは強くなり、仕事に対する意欲も増し、日々の充実につながります。

column

ファンタジー・ブルーのすすめ

映画を観て心から感動したとき、しばらく椅子から立ち上がれなくなってしまうことがあります。エンドロールの最後まで観ていたい――そんな気持ちです。そして映画館を出ると、そこは雑踏で、〈ああ、現実に戻っちゃった〉という思いと、〈映画、よかったなあ〉という、ファンタジー・ブルーが起こります。こういう心が揺さぶられるような体験を、大切にしてほしいのです。

ファンタジー・ブルーを起こすためには、現実を離れた世界に身をおくことです。旅行や、自然の中でのキャンプだったり、ディズニーランドに行くのもいいですね。

ただし、重要なポイントがあります。一つは、好きな人と一緒に過ごすということ。もう一つは、好きなことをする、熱中する、没頭するということです。

好きな人、大切な人と一緒だと、その人への感謝の気持ちがあふれて、よりかけがえのない人に思えるようになります。また、没頭できることを楽しんでいるときは交感神経が高まりますが、そのあと、ファンタジー・ブルーが感じられる直前ぐらいから、副交感神経がぐんぐん高くなります。そしてエンドルフィンやオキシトシンが分泌され、幸福感や安心感も高まるのです。

そこでみなさんには、自身に問いかけてほしいのです。この2、3か月で、どのようなファンタジー・ブルーがあったか――。そしてもう一つ。この本を読んだ今日から数か月先までの間で、どのようなファンタジー・ブルーが計画されているか、あるいは、ありそうか――。

もしも、思い当たらなければ、計画して、ファンタジー・ブルーをたくさん体験してほしいと思います。

プレッシャーをコントロールする

プレッシャーを感じないようにするには？

ビジネスの現場では、さまざまなプレッシャーがかかってきます。プレッシャーは自分ではどうにもならないものだと思っている人も多いようですが、そうではありません。コントロールできるのです。そのことを見ていきたいと思います。**そもそもプレッシャーはなぜ起こるのでしょう。じつは、理由はたった一つ。結果を気にするからです。結果を気にするとはどういうことかというと、外に意識が向いているということです。**

〈失敗したらどうなるだろう〉〈職場に迷惑をかけないか〉……。これらはすべて、意識が外向きです。意識が外に向けば、必ずプレッシャーはやってきます。プレッシャーが来れば、不安や緊張に支配されてしまうことになります。

ということは、意識を外に向けず、内に向ければいいということになります。

では、意識を内に向けるとは、どういうことなのでしょう。**答えは、「やることに集中する」ということです。**例えば、これからプレゼンテーションがあるとします。〈厳しい質問が出たら嫌だなあ〉〈うまく説明できなかったらどうしよう〉〈ここで失敗したら目標に達しないぞ〉というのは、意識が外向きですね。

一方、意識を内に向けた場合はどうなるでしょう。これからやることに集中するわけですから、〈第一声、なんという言葉で始めようか〉〈どの順序で説明しようか、どこを強調するか、どこで質問をはさもうか〉という思考になり、プレッシャーを感じません。

でも、〈失敗したら嫌だな〉と頭をよぎれば、一瞬で意識が外に向いてしまいます。そのときは急いで、〈いけない、また外に意識が向いた。今やるべきことに専念しよう〉というふうに持っていきます。また、胸がドキドキしたりと身体に緊張が現れたら、すぐにラクな姿勢を保って腹式呼吸に変え、大きくゆっくり深呼吸し、副交感神経を高めるのです。

今やることに集中して、自分が最高のスタートが切れる状態に持って行くことは、最も成果が出る、いちばんいいポジションなのです。そのポジションを意識して作っていくこ

とが、成功可能性が高まるやり方です。

こういう体験を重ねることで、プレッシャーや緊張はコントロールできるようになります。それは自信や自分への信頼につながり、ストレス耐性はどんどん強まっていきます。

承認力でストレス耐性を高める

美点凝視が確かな人間関係をつくる

目標が高ければ高いほど、成功させるためには、協力や支援してくれる人が必要になってきます。しかし、確かな人間関係が作れていなければ、そういう人を得ることは難しいでしょう。

そこで大事になってくるのが、「承認力」です。承認力とは、つまりは、相手のいいところを認めることができているということ。そして、それを相手にちゃんと伝えることができているということです。

心の中だけで〈あの人はすばらしい人で、私は認めている〉と思っていても、その気持ちが相手に伝わっていなければ、人間関係には何も効果がありません。相手にきちんと伝えていくということが必要です。

しかし、ただ言葉で伝えればいいのかというと、そうではありません。適当に褒めても、〈調子がいい人だな〉〈なんでそこを褒めるの〉と思われてしまい、逆効果です。

表面的な部分ではない相手のほんとうのよさを、相手に伝えていく、これが正しい承認力です。つまり、相手のほんとうにいいところに気づき、それをよく理解できているということが、本質的な問題なのです。

では、どうしたら相手のほんとうのよさに気づけるようになるのでしょう。

それは、「美点凝視」にあります。美点凝視とは、相手のほんとうにいいところ、すばらしいところを、しっかりと見ていく力のことです。そこに意識を向けるのです。

よく、「部下を叱ったほうがいいのですか。褒めたほうがいいのですか」と相談されることがあります。私は「両方とも必要です。叱る必要があれば叱ってください。褒めることがあれば褒めてください」と答え、「ただし」、と続けます。

「ほんとうに大切なところだけを叱ってください。ほんとうに大切じゃないところを叱ったら、マイナスでしかありません。ほんとうに大切なところを褒めてください。ほんとうに大切じゃない、どうでもいいようなところを褒めても、なんの価値もありません。叱るも褒めるも〝ほんとうのところ〟ということで、同じなのです」

その人がほんとうに大切にしているものをしっかりと認められて、フィードバックされて相手に承認されるということが起これば、確実に人間関係はよくなります。

このことをわかっていないと、人間関係は上辺《うわべ》だけの状態で、深化しません。**その人をいかにしっかり見ていくかというところからスタートして、その人が大切にしているものを感じ、それをちゃんと伝えることができる、これが人間関係を作るということであり、人間関係の核心なのです。**

ですから、「人間関係＝コミュニケーション」ととらえてしまうと、間違ってしまいます。「コミュニケーションがよいから人間関係がよい」ということではないことは、みなさんもよくおわかりですよね。二つは、まったく次元のちがうものなのです。

美点凝視が身につくと、他者がほんとうに頑張っているところとか、つらいこととか、耐えたこととか、そういうものに気づきやすくなります。そしてそれを言葉にして他者に伝えてあげると、他者の心は動くのです。ここがとても大切なところです。

その結果、他者には〈この人なら助けたい。支援してあげたい〉という気持ちが、必ず起こります。必然なのです。偶然ではありません。この必然は、承認力というものを知り、美点凝視を身につけようと前向きに努力している人だけが得られるのです。

自己承認ができる人は、心が折れない

ここまでは他者承認のことでしたが、自己承認にも触れておきましょう。

自己承認とは、自分で自分をちゃんと認めてあげる、承認してあげるということです。自己承認がしっかりできれば、モチベーションは下がりません。ですから、モチベーションが容易に下がってしまうのは、自己承認ができていないからともいえます。

仕事に失敗して、〈一生懸命頑張ったけどもだめだった。自分には適性がないのか、能力がないのか。これからやっていけるだろうか〉と思い続けていれば、その状況のままずっ

と何も変わりません。しかし、〈今回は失敗したけど、自分は成功しようと思って努力を続けた。残業もして万全な資料を作った。頭を下げて先輩にもアドバイスをもらうなど、そういう努力も怠らなかった。だけど、最後の最後で失敗してしまった。それはこれからの自分の課題だから、改善していこう〉というふうにポジティブに考えることができれば、状況はまったくちがってきます。

つまり、自分のいいところはいいところでしっかり認めてあげる、これが自己承認です。自己承認ができる人は、心が折れません。モチベーションの下がりようはなく、むしろ、よくなっていくしかないのです。

状況はよくなることはないとか、もっと悪くなってしまいそうだと思うから、モチベーションは下がるのです。ですから、自己承認は、そうさせないカギなのです。

では、自己承認力を高めるには、どうしたらいいのでしょう。

これも美点凝視です。自分に対しての美点凝視です。今日一日どんなに努力したか、あるいは、つらい思いをしながらもいかに頑張ったか、そういう自分の美点を見て、それを認めてあげるのです。

今日のビジネスの世界では、他者承認は期待しづらいですね。ほんとうに自分の大切なところをじっくりと見てくれるような上司や同僚は少ないでしょうし、また、そのように他者の美点を凝視する余裕もなくなっています。ですから、自分への美点凝視で自己承認力を高めていくということが欠かせないのです。

相手のいいところを一〇個あげるトレーニング

美点凝視を鍛えるトレーニングには、よく知っている親しい人の顔を思い浮かべて、その人のいいところを一〇個考えるという方法があります。

例えば、Aさんという人を思い浮かべたとします。次に、この人のいいところはなんだろうと一生懸命に考えて、〈仕事が正確だ〉〈期日を守る〉〈メンバーにも協力的なかかわり方ができている〉〈話をしっかりと理解する力がある〉〈難しいことや新しいことにチャレンジしている〉といったようにあげていきます。それが終わったら、またちがう人を思い浮かべて同じことをする、これを繰り返すのです。そうすると、美点というものにどんどん気づきやすくなっていきます。

ですから、自己承認では、このトレーニングを自分に対して行えばいいのです。

このトレーニングでは、初めてのときは、四つ、五つぐらいまではすぐ出ます。ですが、時間をかけないと、一〇個まではなかなかたどりつかないでしょう。でも回数を重ねれば、少しずつスピードは速くなります。

ちなみにこのワークをやってもらった方で唯一、最初からすらすらと一〇個あげた人がいました。それが、何度かお名前を出させていただいた、体操選手の米田さんです。〈やっぱり金メダリストはちがうなあ〉と感じました。確かにアスリートは、自分の課題とか不十分なところはよくわかっています。ですから、米田さんがすらすらと答えられるのは、自己承認的なトレーニングを、長い間しっかりやってこられてきたからなんだと、強くうなずかされました。

他者承認も自己承認も、その力が強ければ強いほど、しっかりと備わっていれば備わっているほど、モチベーションはきわめて高い状態に保たれます。承認力をつける努力をぜひ心がけてほしいと思います。

それでは、究極のモチベーションを手に入れるためのプロセスを体験してきていただいたみなさんに、最後のワークをやっていただきます。

モチベーションを高めて目標や夢をかなえた未来のあなたに、ご自身として何をいってあげたいか——それを考えてほしいのです。**いうなれば、究極の自己承認の言葉です。時間をかけていただいてかまいませんので、ノートに書いてみてください。**

一例として、私なら、次のような言葉を、自分にかけてあげたいと思います。あなたは、目標を達成した自分に、どんな言葉をかけたいですか。

あなたは、ついに目標を達成しました。大変な努力を要し、さまざまなことも犠牲にしなければ達成できなかったことでしょう。あなたは、その目標に挑戦しないこともできたはずです。しかし、あなたはあえて挑戦しました。大変な道を選びました。なぜですか？

きっと苦しいことも数えきれずあり、何度も挫折しかけたことと思います。しかし、あなたはその苦しみを乗り越え、歩き続けました。

目標や夢に向かって進み続けることのすばらしさを、たぶん今のあなたがいちばんよく知っているはずです。仮に目標に届かなくても、きっと後悔はしていないはずです。達成しようと努力しているときこそがいちばん充実していたのではないでしょうか。

そして、それをやり遂げ、今の気持ちはどうですか。きっと幸せいっぱいのことと思います。そんなあなたに今、心より「おめでとう」といいたい。あなたは、自分とそして大切な人を幸せにしたいという一心で、さまざまな苦しみを乗り越えてきました。

そんなあなたを心から尊敬し誇りに思います。そして、あなたの人生とあなた自身をほんとうにすばらしいと思います。

［編集協力］　水阜　艸
［イラスト］　かたおかもえこ
［ブックデザイン］　唐澤亜紀

見波利幸（みなみ・としゆき）

1961年生まれ。エディフストラーニング（キヤノングループ）主席研究員。大学卒業後、外資系コンピュータメーカーなどを経て、1998年に野村総合研究所に入社。メンタルヘルスの黎明期よりいち早く1日研修を実施するなど日本のメンタルヘルス研修の草分け的な存在。研修のほか、カウンセリングや職場復帰支援、カウンセラー養成の実技指導など活動領域は多岐にわたる。また、オリンピック委員会より委嘱されるメンタルトレーニングチームより専門のトレーニングを受け、メンタルトレーニング、目標達成に関しての造詣が深く、その関連するモチベーション、目標達成力強化研修にも定評がある。2015年、一般社団法人 日本メンタルヘルス講師認定協会代表理事に就任。主な著書に『心が折れる職場』、『上司が壊す職場』（日本経済新聞出版社）、『心を折る上司』（KADOKAWA）など。

Email　tminami@j-mot.or.jp

究極のモチベーション
──心が折れない働き方

2018年4月30日　初版第1刷発行

著者　見波利幸

発行者　藤木健太郎
発行所　清流出版株式会社
101-0051
東京都千代田区神田神保町3-7-1
電話　03-3288-5405
http://www.seiryupub.co.jp/

編集担当　秋篠貴子
印刷・製本　図書印刷株式会社

乱丁・落丁本はお取替えいたします。
ISBN978-4-86029-475-5